地平线丛书

001

从大西洋到太平洋

美国向西领土扩张史

[美]乔治·皮尔斯·加里森 著

刘 霞 译

中国·武汉

图书在版编目（CIP）数据

从大西洋到太平洋：美国向西领土扩张史 /（美）乔治·皮尔斯·加里森著；刘霞译. —— 武汉：华中科技大学出版社，2022.9
（地平线丛书）
ISBN 978-7-5680-8246-4

Ⅰ．①从… Ⅱ．①乔… ②刘… Ⅲ．①领土扩张—历史—美国— 1841—1850
Ⅳ．① K712.42

中国版本图书馆 CIP 数据核字 (2022) 第 092381 号

从大西洋到太平洋：美国向西领土扩张史 [美]乔治·皮尔斯·加里森 著
Cong Taipingyang Dao Daxiyang: 刘霞 译
Meiguo Xiang Xi Lingtu Kuozhangshi

策划编辑：亢博剑
责任编辑：孙　念
责任校对：曾　婷
责任监印：朱　玢
装帧设计：王　清

出版发行：华中科技大学出版社（中国·武汉）　　电话：（027）81321913
武汉市东湖新技术开发区华工科技园　　　　邮编：430223

印　　刷：北京兰星球彩色印刷有限公司
开　　本：880mm × 1230mm　1/32
印　　张：11.625
字　　数：261 千字
版　　次：2022 年 9 月第 1 版第 1 次印刷
定　　价：69.80 元

本书若有印装质量问题，请向出版社营销中心调换
全国免费服务热线：400-6679-118 竭诚为您服务
版权所有　侵权必究

作者自序

本书中，我的主要任务是描述美国从法属路易斯安那往西到太平洋沿岸的西进运动，并且借此方式指明为西进运动带来推动力的真正力量，以及这些力量究竟是如何运作的。我尤其关注西进运动是如何受到同一时期南北阵营分化的影响，并且反作用于南北阵营的分化的，而南北阵营之争最终导致了美国南北战争的爆发。

完成上述任务并不容易，因为在使用大量的原始资料时必须认真考虑其中的观点。历史学家应牢记，他们的使命并不是简单地复制同一时期政治家、诗人或者哲学家留下的被扭曲的事实，而是要去纠正这些事实。物极必反，因此，对一个尽职尽责的作者来说，以公正的观念对待自己的工作最合适。一个尽职尽责的作者不仅需要"描绘看到的内容"，而且必须谨记作品的恒久价值在于展示"事情原本的模样"。与西进运动时期相比，美国历史上，没有哪个时期要求如此深入地理解整个复杂的历史事实和历史关系，也没有哪个时期要求使用如此艺术的力量来准确刻画这样令人印象深刻的色彩。然而，西进运动时期的历史特征非常罕见，并且评判标准也不是恒定的。

  我要特别感谢大卫·F.休斯顿主席及得克萨斯大学的威廉·詹姆斯·巴特尔教授和林德利·米勒·基尔斯比教授；尤其要感谢艾伯特·布什内尔·哈特教授给我提出了许多有价值的意见和建议；感谢得克萨斯州圣安东尼奥的贝瑟尔·科普沃德法官提供的素材，使我能够绘制西班牙属得克萨斯的地图；感谢印第安纳州里士满的杰西·S.里夫斯博士提供了未公开出版发行的约翰·斯莱德尔信的部分内容；感谢芝加哥历史学会的秘书詹姆斯·W.费尔蒂希博士提供的研究西进运动时期必须的文稿复印件，其中，包括詹姆斯·诺克斯·波尔克的日记。

乔治·皮尔斯·加里森

目 录

001　第 1 章
　　西进运动（1790 年至 1841 年）

019　第 2 章
　　美国领土的扩张（1800 年至 1841 年）

039　第 3 章
　　1840 年总统大选（1839 年至 1840 年）

049　第 4 章
　　约翰·泰勒与辉格党的争论（1841 年至 1842 年）

065　第 5 章
　　缅因州边界争端问题调整（1841 年至 1842 年）

081　第 6 章
　　得克萨斯共和国与美国的关系（1819 年至 1841 年）

095	**第 7 章**
	得克萨斯边界问题（1748 年至 1841 年）
107	**第 8 章**
	兼并得克萨斯共和国的外交谈判（1841 年至 1844 年）
123	**第 9 章**
	1844 年总统大选（1843 年至 1844 年）
141	**第 10 章**
	国会联合决议兼并得克萨斯共和国（1844 年至 1846 年）
159	**第 11 章**
	俄勒冈争议的调解（1827 年至 1846 年）
175	**第 12 章**
	财政整顿与关税调整（1841 年至 1846 年）

219　**第 13 章**
美国与墨西哥关系破裂（1843 年至 1846 年）

239　**第 14 章**
约翰·斯莱德尔的任务（1845 年 8 月至 1846 年 3 月）

257　**第 15 章**
美墨战争（1846 年至 1848 年）

283　**第 16 章**
《威尔莫特但书》（1846 年至 1847 年）

297　**第 17 章**
1848 年总统大选（1847 年至 1848 年）

315　**第 18 章**
地峡外交（1846 年至 1850 年）

325 **第 19 章**
复杂的奴隶制问题（1847 年至 1849 年）

345 **第 20 章**
《1850 年妥协案》（1849 年至 1850 年）

第 1 章

西进运动
（1790年至1841年）

精彩看点

西进运动及影响——西进运动的推动力——欧洲移民——美国人口向西流动——南北阵营的形成——奴隶制——妥协与调整——南北阵营的分化——政治均衡问题

关于规模宏大的西进运动，本章主要涉及美国的领土扩张。西进运动最早开始于英国在美国建立殖民地初期，但在来自英国的强大推动力消失后，它仍以不屈不挠的精神继续进行。经过一系列的征服、购买和妥协行动，英裔美国人将领土扩展到了墨西哥湾和落基山脉。1841年到1850年，西进运动获得了巨大的推动力，美国领土一直扩展到现在位于美墨边界的格兰德河和太平洋沿岸。

如果我们认为西进运动仅仅是想要拓宽疆土，那么就说明我们对美国历史仍存在误解。因为西进运动如果没有其他的推动力，那么永远无法显示出如此强劲的力量和持久性。正是因为支持西进运动的人们具有探险精神及开拓精神，西进运动才会影响深远、成绩斐然。拓荒者常常需要深入荒蛮之地，但殖民者会紧随其后，以便可以及时听到他们的号召，并做出响应。到今天为止，美国人口一直都是变化流动的。美国人很少会为了获得生存必需品而拥挤着居住在一起。可以想象，当年的拓荒者一定是穿过了无人踏足的荒地，才能将小木屋建在远离其他邻居的领地上。美国的政治边界迅速向西移动，却始终无法超越拓荒者前进的步伐，并且拓荒者丝毫不尊重这条政治边界。无论是追随拓荒者的旗帜，还是在旗帜前推波助澜，美国的人口都在稳定地向西部移动。

美国历史上，这一次人口的向西移动起到了重要作用。对美利坚民族的真正形成，以及美利坚民族性格的形成，西进运动比其他任何因素的作用都更加明显。那些被党派斗争或政府行为迷惑的人，不了解这种民族性格产生的真实原因。

关于西进运动，以下几个方面值得我们特别关注。首先，西进运动带来的影响具有强烈的民主性。最初，在阿勒格尼山脉和大西洋之间，英国建立了殖民地。与建立之初相比，殖民地的文明程度在很多方面有了改变，但这些改变本质上仍具有英国特色。其中，最主要的改变是由于殖民者在西部的荒地上安家落户。美国的新移民群体有很多的共同点，他们几乎不在意不同社会等级和特权的区别。时光流逝，随着殖民者不断取得成功，积累了大量财富，社会演变有向复杂的英国制度回归的趋势。然而，西进运动又抵消了这种演变趋势。与此同时，民主得到了强化与发展，这是美利坚民族最重要的特征之一。

其次，人口向西流动的特点是，自然界选择了富有冒险精神和精力旺盛的拓荒者，他们勇往直前，承受了更多的危险，也遭受了更多的磨难。西部人独立自主、充满自信、观点前卫、行事激进。因此，后来在国会共商国是时，西部人一定会和做事保守的东部人产生矛盾。

此外，截至1830年，参与西进运动的几乎都是英裔美国人。1821年到1830年，所有到达美国各港口的人，包括移民和观光旅游的人，总数不到15万人。1775年到1820年，没有具体的数据统计，但到达美国各港口的总人数相对较少。因此，在欧洲移民大量涌入前，英裔美国人就已将从英国继承来的制度带到美国西部，并且发展得非常完善。

历史上各种各样的力量极其复杂、难以衡量，很难理解或者阐述清楚，而其中有些力量相互冲突、无法共存。19世纪40年代，西进运动的浪潮正是受这些力量的影响。毋庸置疑，在整个西进运动过程中，美利坚民族中渴望占有土地的人起到了决定性作用。不过，在许多方面，这些人做出了改变。最终的结果是西进的推动力被削弱了，但没有严重到停止西进运动的地步。尽管当时的状况对西进运动造成了障碍，但西进运动的巨大影响显示了自己真正的力量。

当时的时代精神对西进运动起到强有力的支持作用。因为在超过半个世纪的时间内，欧洲一直处于社会动荡和政治动乱时期。美国不像欧洲那样剧烈动荡，仅仅是因为在这片土地上尚不具备发动革命的必要条件。新闻界表现出来的长期的冷漠，尤其是对欧洲大陆状况的冷漠，终于结束了。最终，欧洲人的自我意识逐步苏醒，随后开始了反抗特权暴政的殊死搏斗。欧洲人逐渐看到了希望，野心也越来越大，很自然地，他们开始将注意力转向美国。因为在美国，垄断行业并没有完成开发西部的工作，人们的社会地位不会因生活贫困或者出身卑微而受到影响。

美国人也受到影响，他们对特权产生了更强烈的厌恶情绪，并且开始对特权在美国的存在感到不满。罗得岛一直以来采用的都是殖民地宪章，这极大地限制了公民的参政权。1841年到1842年，罗得岛爆发了著名的反对限制公民权益的托马斯·威尔逊·多尔叛乱。这次叛乱反映出民众对特权阶层不满。托马斯·威尔逊·多尔叛乱具有革命的一面。当

托马斯·威尔逊·多尔叛乱失败后入狱。在牢房里，托马斯·威尔逊·多尔（穿衬衫者）站着，举起双手，宣称："法庭的程序不能触及人心，从法庭的判决中，我向我们的国家和人民发出呼吁！"詹姆斯·诺克斯·波尔克（左二）和乔治·米夫林·达拉斯（左一）携手而立。乔治·米夫林·达拉斯发誓："只要正义之神高高在上，托马斯·威尔逊·多尔就一定可以获得自由。"詹姆斯·诺克斯·波尔克拿着锤子和钳子，显然是用来对付托马斯·威尔逊·多尔的铁链的，他说："人民会用雷鸣般的声音说话，但无法忍受查理二世的宪章束缚真正的爱国者！"亨利·克莱（右三）举起手臂，宣称："唉！唉！托马斯·威尔逊·多尔获得自由时，查理二世的宪章将被摧毁，英国在这些州的最后一种政府形式随之被摧毁。人民将取得胜利。"西奥多·弗里林海森（右二）向亨利·克莱抗议说："啊，我的主人，不要这样说，果真如此的话，教会和国家就永远不会统一了！"（右一从略）

时，罗得岛的两个竞争组织曾一度出现摩擦，互相恐吓，但总统约翰·泰勒发表声明，决心支持在原有宪法基础上建立的政府时，这次叛乱便结束了。结果是制定了一部新宪法，从条款上为公民的参政权提供了更多保证。

在美国纽约，反抗精神在反租的骚乱事件中表现得很明显。1839年到1847年，发生了一系列的骚乱事件。起因是一些继承人为了从荷兰大庄园主那里获得永租权，并想努力扩大自身权利。这些骚乱事件并没有被迅速镇压下去，因为民众对骚乱事件的发起者表示同情。另外，土地的永租权最终被单纯收费的租约取代。

从上述状况中很容易找到一个简单的借口，来解释西进运动发生的推动力。更多的自由和更好的机会总能在"更远一点的地方"找到。因此，为寻找新的家园，人们长途跋涉，跨越阿勒格尼山脉，甚至是落基山脉，一直到达太平洋沿岸才停下脚步。

1830年以后，来自欧洲的移民数量迅速增加。尤其是1846年到1848年，移民的人数特别多，从爱尔兰大饥荒和欧洲革命中就能看出端倪。从1845年到1850年，平均每年涌入美国的移民大概是30万人，这些移民主要定居在马萨诸塞州、纽约州和宾夕法尼亚州。不过，有很大一部分移民，尤其是德意志人，已进入俄亥俄州北部，以及密西西比河上游地区。

1840年，美国的国土总面积约为180万平方英里[①]，其

---

① 1平方英里约合2.59平方公里。——译者注

中,每平方英里有2名以上固定居民的地方只有80多万平方英里。国境线与路易斯安那州、阿肯色州,以及密苏里州西部的边界重合。国土范围包括艾奥瓦州东南部、威斯康星州南部,以及密歇根州全部,但不包括密苏里州北部的一小部分,现在缅因州范围的北部三分之一,以及佛罗里达半岛的大部分。

1840年,美国总人口为17 069 453人,其中,白人为14 195 805人,黑人为2 873 648人。具体分布情况为,北大西洋地区,白人为6 618 758人,黑人为142 324人。南大西洋地区,白人为2 327 982人,黑人为1 597 317人。中北部地区,白人为2 938 307人,黑人为29 533人。[①]就本次统计来说,中北部地区不包括密苏里州。密苏里州应与蓄奴州归为一类。中南部地区加上密苏里州,白人为2 304 658人,黑人为1 104 474人。[②]根据1850年人口普查,蓄奴州的黑人大约有30万人属自由民,其中,大约有75 000人居住在马里兰州,55 000人居住在弗吉尼亚州。[③]

1790年到1840年,美国人口的中心开始向西移动,沿着北纬39°,从巴尔的摩东部23英里[④]的位置,一直到达现在位于弗吉尼亚州西部的克拉克斯堡南部16英里处。与此同时,黑人人口的中心开始向西南移动,从弗吉尼亚州的彼得斯堡

---

① 总人口数据与具体分布情况加总数据有出入,尊重原文予以保留。——译者注
② 这些数字来自美国人口普查局,《美国的黑人》(第8号公报),第101页到第103页。——原注
③ 1850年美国第七次人口普查,《人口》。——原注
④ 英里,长度单位,1英里约合1.6千米。——译者注

东南27英里处，一直到达北卡罗来纳州的阿什维尔附近。显然，在白人向西部移动的同时，黑人在向南部移动，因为南部的低洼地带更适合棉花和甘蔗生长。

1840年，只有8.5%的人居住在人口超过8 000人的城市。当时，44个城市的人口超过8 000人。其中，绝大部分城市，尤其是人口相对密集的城市，集中在北大西洋沿岸各州。蓄奴州共有13个，这些州的绝大部分人口集中在城市里，所占比例很高。粗略估计，罗得岛州城市人口占38%；路易斯安那州城市人口占30%；马萨诸塞州城市人口占27%；马里兰州城市人口占20%；纽约州城市人口占20%；宾夕法尼亚州城市人口占14%；特拉华州城市人口占11%。居民人口超过10万人的城市，按整数计算，大约为以下情况：纽约州为312 000人、费城为220 000人、巴尔的摩为102 000人、新奥尔良为102 000人。圣路易斯只有16 000余人，而芝加哥不足5 000人。上述城市居民人口的数据统计显示，与南方各州相比，北方各州的城市人口相对较多。因此，在产业组织结构上，南北双方的区别很明显：北方以制造业和商业为主，而南方以农业为主。

西进运动最重要的变化是南北阵营的形成。整体来看，直到1830年，美国政治发展的趋势仍带有强烈的民族主义特征，因为在所有先进的民族中，实现经济和政治中央集权化是永恒不变的趋势。相互沟通的方式得到加强；西部也得到进一步发展；为了获得更满意的国际地位，美国付出了坚持不懈的努力，并且取得了成功，所有这些因素，或多或少地压制了1812年战争前各州政治上的独立。然而，1830年以后，美国各州逐渐分成了南方和北方两个不同的阵营。南北双方利益和理想完全对立，分歧越来越明显，越来越强烈。这种分歧发展到最后，导致了南北战争的爆发。

出现南北阵营对立的情况，从本质上来说还是因为经济方面的原因。南北双方自然条件不同，不可避免地会倾向于两种截然不同的产业模式，以及两种不能和谐共处的文明类型。由于上述事实的存在，结果就是，在北方飞速发展变化的同时，南方则相对不变，继续保持原样。一开始南北双方都存在奴隶制，但后来北方认为奴隶制对自己没有益处，便放弃了。然而，南方由于气候和其他条件都非常适合使用奴隶劳作，并且意识到奴隶制是发展经济的必要条件，便继续坚持奴隶制。在历史发展的最初阶段，南方和北方很像，都主要依靠农业生产来维持基本的生计问题。南方因为拥有许多肥沃的土地，并且可以轻易获得大量奴隶用以耕种土地，所以它越来越依赖农业。同时，因为南方依赖这种产业模式，阻碍了其工业的多元化发展，甚至是农作物的多元化发展。然而，在北方，人们迅速将注意力转移到商业与制造业上。最初在宣布独立时，甚至在通过《美利坚合众国宪法》时，南北双方也很像。它们都认为美利坚合众国是一个联盟，任何一个州都有自由选择的权利。哪一个州如果想退出，那么随时可以退出。此后，南方一直坚持这种想法。甚至到后来南方十一州脱离联邦，以及南北战争时，这种想法也一直没有发生改变。不过，北方各州清晰地认识到在宪法保障下国家机制的好处，这有利于支持它的政策和促进它的既得利益，于是开始逐渐利用国家机制日益增长的力量，采取民族主义的态度。在这样的形势下,即使很难从历史上找到什么正当的理由来采取这样的态度,但对处于相对弱势的南方来说,为了获得州权力,自然而然会采取防御性措施。结盟引起的政治斗争,使南北阵营内部达成了前所未有的高度团结。因此,北方和南方各州逐渐发展成两个完全对立的阵营,而联邦政府则变成了一个内讧不断的机构。

南北两个阵营产生经济分歧的主要原因在于奴隶制。一开始,各州努力形成一个联盟时,奴隶制对地方经济发展的影响开始显现。由于奴隶制的影响,人们开始采取一种被称为"联邦比率"的特别方式选出各州的代表。随着时间的推移,这种"联邦比率"的方法最后成了南方和北方产生敌意和猜忌的主要来源,但在当时这一度被认为是解决问题最简

安德鲁·杰克逊

单、最好的办法。毫无疑问，在安德鲁·杰克逊政府前，标准的美国历史过于强调对奴隶制采取不同政策的重要性，因为就当时状况来说，不同政策所产生的矛盾并没有像后来那样突出与剧烈。在1820年《密苏里妥协案》获得通过前，尖锐的斗争甚至呈现出这样的趋势：北方自由州和南方蓄奴州的友好关系必将终止，但南北阵营不会产生任何形式的剧烈对抗。轧棉机的发明已预示南北阵营终将产生冲突。这也为南方工业体系在南部狭窄范围内形成提供了最终也是最重要的推动力。因为，农业是南方最主要的支柱产业，棉花是最重要的农作物，远远超过其他农作物。正是因为棉花种植的优势地位，奴隶制在南方的地位变得越来越稳固，不可替代。由于北方和南方分歧日渐明显，伴随着领土扩张过程的产业冲突变得更加难以抑制。因此，面对这种冲突，增强并加剧南

蓄奴州棉花种植园黑人奴隶操作轧棉机的场景

北阵营的对立情绪，也不失为一种最自然的解决方法。

但只有在认真研究了北方工业体系迅猛、彻底的变革后，我们才能清楚地认识到在南北阵营背后发挥作用的一些力量。北方自由州废除奴隶制，这算不上一个明显的转变。此外，事实也许可以证明，通过立法程序来废除奴隶制也会十分困难。只有在种植园兴盛的地区，才有可能建立奴隶制，并且可以广泛地使用奴隶劳动，通过奴隶制获得收益。奴隶制不仅无法为北方越来越多元化的工业发展模式带来优势，而且在北方没有很深的基础。因此，在北方，奴隶制的消失并没有带来经济上的重大变革。真正的变革以1812年战争后的那段时间为标志，北方的产业体系从以农业为主转变为以制造业和商业为主。与以前相反，现在北方和南方产业模式的差异，强调南北阵营不同的制造业发展模式，其间，还发生了反对北方奴隶制的梅森-迪克森线的运动。棉纺织品加工厂并没有建在棉花原产地，从以后的发展经验可以看出，它在那里有着天然的优势。1810年，南方蓄奴州加工制造业总产值约为4 900万美元，而北方自由州加工制造业总产值约为9 600万美元；1840年，南方蓄奴州加工制造业总产值约为10 800万美元，而北方自由州加工制造业总产值约为37 500万美元；1850年，南方蓄奴州加工制造业总产值约为16 800万美元，而北方自由州加工制造业总产值约为84 500万美元。这些数字，结合奴隶制集中在南方这一事实，足以说明南北阵营带来的工业形势变化是多么迅速。

由于南北地理地形分布不同，南北两种工业体系在种类上形成鲜明对比，在利益上也不协调。于是，南北阵营敌对情绪的出现便是自然而然的结果。保护性关税的征收，进一步激化了这种敌对情绪。从南方的立场来看，不管是出于什么原因促进了对国内制造业的保护性支持，其中，主要原因是北方获利了，而南方承担了大部分负担。最先爆发的一个关于保护性关税的严重冲突，就是南卡罗来纳州通过"无效宣告"，宣布联邦《关税法》无效。此后，南北双方进行了妥协与调整。从那时起到南北战争爆发前夕，保护性关税的征收非常合理。然而，这并不意味着北方和南方在经济上的差异得到了抑制，相反，经济上的差异以更快的速度继续扩大。正如前文中的统计数据显示，北方制造业的发展非常迅猛。从一开始，在纺织业，机器生产就取代了手工生产。1840年到1850年，整个制造业在很大程度上都发生了同样的变化。随着这种变化的发展，制造业向北移动的速度加快，南北阵营的经济利益向不同的方向发展。

显然，在西进运动最后一波浪潮如火如荼进行时，北方和南方的文明体系迅速发展，变得截然不同，几乎难以在同一个国家共存。民族化倾向必须得到遏制，或者说，导致南北阵营分化的一些基本的差异必须消失。即使没有逃亡的奴隶，没有领土的扩张，南北双方有这么多截然不同的观点，它们很难为了创造一个既和谐又观点一致的政府体系而合作。毫无疑问，南北双方都抱着希望，进行诚恳和真挚的尝试。南北战争爆发前，美国的政策是南北双方相互迁就、妥协。纵观整个世界史，没有哪个国家的政策比美国的政策更公平，并且没有哪个国家像美国那样进行了耐心的调整。失败的经历充分表明，联邦政府只有保持原有基础不变，才有可能实现令人满意的调整，这同时是南方各州始终坚持的基础。然而，随着民族的发展，在同样的政治和社会组织中维持这样矛盾的因素变得非常不切实际。

在中央集权的进程中，每多迈出一步，就更能确定，总有一天，南方会被迫屈服于它曾坚定不移地贬低其管辖权的"法庭"——联邦政府。西进运动，显然是持续进行的反奴隶制行动的最重要原因，也是在南北战争中才结束的南北阵营产生敌对情绪的最重要原因。从另外一个角度来看，西进运动也有力地证明，美国起作用的民族化力量变得非常强大。无论如何，在民族化的大潮中，西进运动起到了决定性的影响。在争夺西部的过程中，美国南北双方非常有可能分开，并且可能永远分开。

当时，南北双方互生敌意，逐渐形成两个阵营。不过，当时西进运动的状况是，它无法完全遏制南北两个阵营的形成。西部的人并没有完全融合为一个单独的群体，他们有着不同的目的和喜好，分布在平行的地带。在这些地带中，原有的特征性差异再度出现，尽管程度不太明显。值得怀疑的是，在对欧洲人或州际移民从南方分流的过程中，奴隶制是否起到了重要作用。在向西部挺进时，奴隶制也只是顺应了自然趋势，向西平移而已。用于商业和旅行的交通要道，只要是人工打造的，就和移民运动的普遍原因一样，主要是向东、向西扩展，而不是向南、向北扩展。来自新英格兰和纽约的移民是通过伊利运河去往西部的；来自宾夕法尼亚州的移民是通过中央铁路，以及从费城到匹兹堡的运河系统去往西部的；来自马里兰州和弗吉尼亚州的移民通过公路去往西部。越过阿勒格尼山脉后，移民可以选择通过五大湖、公路，以及俄亥俄河去往西部。来自新英格兰地区和中部各州的移民主要集中在俄亥俄河河谷以及湖泊沿岸。来自南方各州的移民主要集中在俄亥俄州南部、印第安纳州，以及伊利诺伊州。整个密苏里州境内也主要居住着来自南方各州的移民。密西西比河流域的经济差异没有大西洋西岸地区的经济差异那么强烈，但非常重要。即使是最彻底的民族主义者也无法忽视这一现象。西部逐渐分化为不同的阵营。扩张主义的冲动性，再加上民众意见的分歧，使西部失去了统一和稳定。

来自欧洲的移民人数逐渐增长，促进了美国北方的西进运动。自由州迅速挤满了大量流动的人口。这些人群拥挤在边界线上，而那里恰恰是南方蓄奴州想要努力扩展的区域。正是在这种情况下，加利福尼亚和堪萨斯成了自由州。同时，在这样艰难的时刻，宪法经受住了考验，并且被赋予了新的意义，这样有利于保持民族间的平衡。

在南北双方利益冲突日益明显时，政治均衡问题成为十分重要的问题。联邦内部甚至通过维持自由州和蓄奴州的数量平衡来保持政治上的均衡状态。1841年，北方自由州和南方蓄奴州各有13个。因此，参议院中南北两个阵营可以平均分配代表席位。然而，可以用来建立新的奴隶州的领土几乎已用完，与此同时，西北部仍有大面积的土地可以用来建立新的自由州。因此，除了其他的动机，南方各州努力想要越过西南边界线，其原因就在于想要努力维持在参议院的政治均衡，从而可以抗衡那些不利于南方各州利益的法律法规，以此来保障南方各州的利益。不过，必须谨记，北方各州想要扩大领土的动机在于反对兼并。

西进运动的早期阶段，美国的政治非常混乱。站在美国的立场上，约翰·泰勒通过谈判，签订条约，开始了兼并得克萨斯的运动。约翰·泰勒也因此被称为"没有政党支持的总统"。约翰·泰勒和辉格党的争执也使双方陷入混乱。1844年，马丁·范·布伦因为反对兼并得克萨斯，竞选总统

马丁·范·布伦

失败，这也在民主党内部引起了巨大的骚乱。很难解释清楚这些骚乱是否在西进运动中制造了摩擦，是否产生了影响，并且阻碍了西进运动的进程。

  西进运动进程中，不同国家对扩张的抵制差别很大。与墨西哥打交道的主要困难在于，墨西哥缺乏一个标准来规范国家的行为。墨西哥人民组织不健全，但充满了民族自豪感；墨西哥政府循规蹈矩，却不负责任，政府人员和政策也很不确定。这使得美国很难确定墨西哥到底能容忍美国向西扩张到什么地方。然而，往西北方向扩张时，美国受到的阻力则来自英国。彼时的英国强大、统一，它坚决拒绝美国向西扩张。要想对付英国这样一个强大的对手，关键在于如何在两种极端解决方法间找到合适的方案。一种是采取妥协政策，但可能会引起外敌入侵；另一种是像堂·吉诃德那样一意孤行，但可能会引起不必要的战争。向西南扩张和向西北扩张的条件不同，一定程度上反映了美国在这两个方向会分别获得相应大小的土地。

第 2 章

美国领土的扩张

（1800年至1841年）

精彩看点

英裔美国人进驻得克萨斯——詹姆斯·朗发动战争——得克萨斯革命——《墨西哥殖民地通用法》——《科阿韦拉和得克萨斯宪法》——"阴谋论"——俄勒冈的边界问题——俄勒冈的殖民化——美国与加利福尼亚的关系

在本书所讲述的1790年到1850年的初期阶段，在美国认可的国境范围内，仍有大片未开发的区域，尤其是西部和西北部。只有在最西南端，以及北部的伊利湖以东的方向，地域上的边界线与政治上的边界线才完全一致。东北部有一大片区域未开发，基本上包括圣约翰河——位于从圣克罗伊河源头向北画出的一条线以西——的上游地区。这片区域引发了英国与美国的争端，亟待解决。然而，并不是因为英国和美国两边相邻的人口都拥挤到了这片区域，而是因为这两个民族的争强好胜导致了边界摩擦，再加上它们存在很多差异，战争一触即发。

这片区域面向西部，而西部正是移民向往的地方。在向西部挺进的过程中，移民已远远越过各国人民承认的边界线。实际上，移民并不单单是想去临近边界线的未开发区域，而是想在遥远的地方建立殖民地，但这些地方要么会引起领土争端，要么本身就是外国的领土。1819年，在美国想要占领得克萨斯的计划失败后，一大批英裔美国移民来到得克萨斯，一小部分则前往墨西哥的加利福尼亚，其他更多的人去了俄勒冈。因为俄勒冈是当时美国和英国存在争议，并且都想得到的地方。

英裔美国人进驻得克萨斯的过程始于一系列入侵活动。首先，是1800年菲利普·诺兰在纳奇兹组织的一次活动。这次活动共有25人参与，领导人菲利普·诺兰提出的计划目标是猎取野马。这一计划看起来并无不妥，但菲利普·诺兰在这次远征中失去了生命，其他人因为参与这次活动，被从纳科多奇斯调遣来的西班牙军队逮捕。美国副总统阿伦·伯尔做出叛国的举动，很有可能是为了占领西班牙的领土。因为

阿伦·伯尔

紧接着，路易斯安那的土地就被割让了。1812年，又发生了一次更严重的掠夺性远征，这次远征主要是利用了西班牙属美洲当时正处于骚乱时期的局面。这段时期的骚乱主要由西班牙的专制式占领引起。这支远征队的领导人是曾在美国军队中担任中尉的奥古斯塔斯·马吉，以及墨西哥自由党人伯纳多·古铁雷斯。在米格尔·伊达尔戈·伊·科斯蒂利亚武装起义后，伯纳多·古铁雷斯被驱逐出墨西哥。参与这次远征掠夺的士兵一度超过3 000人，其中，包括850名英裔美国人。这次远征攻占了贝尔郡，即圣安东尼奥。远征队占领了该地一段时间，但最终因为战败被驱散了。

另一次入侵发生于1819年。1819年2月，美国与西班牙签署《亚当斯-奥尼斯条约》，放弃得克萨斯。但美国对该条约不满，便发动了一次对外侵略战争。这次对外侵略战争由詹姆斯·朗领导，他的妻子简·赫伯特·威尔金森·朗是詹姆斯·威尔金森将军的侄女。① 作为菲利普·诺兰的赞助人，詹姆斯·威尔金森将军很可能比任何档案记录者都更清楚地了解詹姆斯·朗和菲利普·诺兰远征的真正动机。然而，事实上，詹姆斯·朗发起的这次入侵在规模上可能既无法征服得克萨斯，也无法使得克萨斯产生革命性变化。因为这支军队人数最多时，也仅有300人左右。在得克萨斯，西班牙的统治尽管非常赢弱，但不可能被这么少的兵力打败。詹姆斯·朗占领了纳科多奇斯，建立了一个独立的共和国，

---

① 简·赫伯特·威尔金森·朗的父亲威廉·麦考尔·威尔金森是詹姆斯·威尔金森将军的哥哥。——译者注

但很快就因西班牙军队的推进而解散。詹姆斯·朗的一部分士兵被捕，其余的都被驱逐了。两年后，詹姆斯·朗又集结了一小波人，再次发动进攻，但仍然没有取得成功。

1819年，来自美国的殖民主义者发动了一场和平占领得克萨斯的运动。当时，该运动的领导人摩西·奥斯汀居住在密苏里。1819年，美国与西班牙签订条约。由此，西班牙对得克萨斯土地的赠予便有了依据。于是，摩西·奥斯汀酝酿了一个计划，以便获得得克萨斯地区的土地赠予权，让英裔美国人到得克萨斯定居。在儿子斯蒂芬·F.奥斯汀的大力帮助下，摩西·奥斯汀立刻开始这项工作。在经过大量耐心细致的准备工作，并且克服了种种困难后，这个计划终于得到许可。于是，摩西·奥斯汀开始在得克萨斯建立殖民地。1821年，摩西·奥斯汀去世。这项事业就交给了斯蒂芬·F.奥斯汀。因为除了斯蒂芬·F.奥斯汀，实在找不出第二个更加合适的人选。经历了无数困难与挫折，斯蒂芬·F.奥斯汀终于成功完成了建立殖民地这项事业。其他一些移民到此的西班牙人也加入这场运动中。殖民主义者很快就占领了墨西哥往西一直到瓜达卢佩河的那一片区域。经历了一个世纪西班牙殖民统治下羸弱散漫的治理后，得克萨斯的白人人数不足3 000人。后来，在不到7年的时间里，从美国移民过来的殖民地居民已达到以前人数的4倍。从美国来的拓荒者进取心强、意志坚定，人数占绝对优势，并且在持续增长。然而，他们与墨西哥人几乎没有什么共同点。毫无疑问，得克萨斯未来一定会爆发一场革命。

得克萨斯能成功地被殖民化，很大程度上是墨西哥政府的政策失误导致的。1821年，在殖民化进程刚刚开始时，墨西哥脱离西班牙获得独立。墨西哥很快就对共和主义宣传充满热情，想象着自己的人民和美国人民一定志同道合。摩西·奥斯汀得到的批准条款比请愿书上的条款更加宽松。摩西·奥斯汀后来将签署的合同转交给了儿子斯蒂芬·F.奥斯汀。合同规定，移民到此的每个家庭的成员都可以分得一块土地。实际上，这些移民得到的是1斯图①和1莱博②的土地，

斯蒂芬·F.奥斯汀

① 斯图，1斯图即1平方里格，约合4428.4英亩。——译者注
② 莱博，1莱博是1斯图的4%。——译者注

第2章 美国领土的扩张（1800年至1841年） 025

或者更多。对其他移民到此获得政府特许权的实业家，也保证每个家庭的成员得到相同数量的土地。我们几乎无法说清楚是应惊叹墨西哥政府制定政策时挥金如土，还是应惊叹它对得克萨斯土地面积的过低估计，或者是惊叹它对移民的强烈期盼？

然而，没过多久，墨西哥的一些领导人就开始意识到，想要将得克萨斯殖民化，是一件非常危险的事情。因为得克萨斯的人很多，墨西哥无法将其同化，于是墨西哥开始着手阻止将得克萨斯殖民化。计划的第一步是，1829年9月15日，墨西哥总统维森特·格雷罗颁布法令，在墨西哥废除奴隶制。这项法令受到墨西哥众议院成员若泽·马里亚·托内尔的影响，他曾试图用这项法令在美国和墨西哥之间建立一道障碍。法令颁布后，得克萨斯掀起了抗议风暴，结果是1829年12月2日，维森特·格雷罗又颁布了一道法令，以取消废除奴隶制的法令。然而，墨西哥外交兼内政部部长卢卡斯·阿拉曼向国会议会提出报告，要求颁布法律，中止对来自美国的殖民者提供补助金，停止移民。该法律于1830年4月6日通过，并且规定军事占领得克萨斯，来保障该法律顺利实施。然而，想要强制实施该法律的计划失败了，美国和墨西哥的摩擦升级，加剧了革命的爆发。最终，墨西哥彻底失去了得克萨斯。

摩擦加剧的第一个重要证据就是1832年殖民地定居者中出现了叛乱。在这次叛乱中，所有的墨西哥部队被驱逐出得克萨斯。与此同时，墨西哥的自由党人与中央集权主义者发生冲突。通过给叛乱打上代表自由党人运动的幌子——自由党人暂时被证明是成功的，从而使得克萨斯人表面上避免了反叛国家政府。此时的得克萨斯和科阿韦拉结合在一起，希望获得独立的州地位，成为墨西哥一个单独的州。得克萨斯人为此做了很大的努力，但这一请求并未得到准许。后来，又一波中央集权化的浪潮席卷了墨西哥。到1835年5月中旬，除了得克萨斯，墨西哥的每一个区域都选择了屈服。得克萨斯的反抗引起了一场革命，革命的整个发展过程分为两个完全不同的阶段。首先表现出来的是得克萨斯人与墨西哥自由党人通力合作，捍卫墨西哥宪法，以此反对来自中央集权主义者的侵犯。不过，到了1836年年初，革命进程转变为得克萨斯为争取完全独立而斗争，结果是1836年4月21日，得克萨斯人在圣哈辛托大败墨西哥军队。

1836年3月17日，得克萨斯共和国通过宪法，其中包括奴隶制合法化的条款。考虑到移民来此的殖民地定居者主

得克萨斯人在圣哈辛托大败墨西哥军队

要来自蓄奴州，他们中的很多人实际上就是奴隶主，并且得克萨斯已有很多奴隶，因此，其他的事情也在意料之中。认为得克萨斯共和国宪法在原本自由的土地上建立了奴隶制的想法其实是错误的。简单总结一下墨西哥法律在奴隶制问题上的立法，事情可能会更清晰。影响奴隶制的第一项法令是1823年1月4日的《墨西哥殖民地通用法》，斯蒂芬·F.奥斯汀的殖民地就是在此基础上建立的。《墨西哥殖民地通用法》第三十款规定，引入墨西哥的奴隶不应再被买卖，凡在墨西哥出生的奴隶后代，年满14周岁可获得自由。影响奴隶制的第二项法令是1824年7月13日墨西哥国会通过的法令，规定墨西哥禁止奴隶贸易，但此项法令似乎并没有被理解为阻止殖民者将奴隶带入墨西哥。1824年，墨西哥通过国家宪法，其中，没有关于奴隶制的相关条款，该宪法一直使用到得克萨斯革命时期。然而，1827年3月11日颁布的《科阿韦拉和得克萨斯宪法》第十三款规定，自颁布之日起，在得克萨斯，没有人一出生就是奴隶，并且六个月后，所有输送奴隶的活动应完全禁止。不过，1828年5月5日，相关法令规定：劳力偿债制合同规定下的奴隶输送仍保持以前的状态，不予改变。墨西哥总统维森特·格雷罗颁布的法令，以及得克萨斯的特殊情况已引起人们的注意。综上所述，得克萨斯并未完全消除奴隶制，但已开始为奴隶制的逐渐废除做准备工作。奴隶的输送也不同以往，并且在摩西·奥斯汀建立的殖民地范围内，已禁止买卖奴隶。当然，这是唯一一个受1823年1月4日颁布的法律条例控制的区域。得克萨斯共和国宪法宣布以前所有的改善性立法规定无效，并且准备使奴隶制永久存续下去，但并没有真正建立相关的法律法规。

对美国历史，一直以来有一个普遍存在的错误观点，那就是认为得克萨斯的殖民化、革命，以及被美国兼并的结果都是深思熟虑计划后的结果，是为了扩大蓄奴州的范围。美国向西南方向挺进的整个过程，尤其是后半段过程，被指控为一场"阴谋"。这一指控部分取决于"阴谋"一词的含义。在关于奴隶制存亡的危机中，正如涉及人权问题时发生的其他重大冲突一样，很难在阴谋和机密政治计划之间划清界限。"阴谋"这个词的感情色彩源自一种邪恶的目的。1830年到1860年，对那些信任南方领导人、坚信奴隶制公正合理的人来说，他们不会是阴谋论者。对那些不承认奴隶制的人来说，阴谋论的指责似乎合理。事实上，让所谓的"阴谋论"变得彻底不合逻辑的，是蓄奴州的政治领导人没有联合起来支持西南方向的运动，同时自由州的领导人没有明确反对西南方向的运动。真实的情况是，奴隶制和西南方向的运动可能带来的利益一直没能完全展示出来。

通过研究移民进入得克萨斯的开端，可以从正确的角度看待"阴谋"的指控。这完全否定了跟随摩西·奥斯汀、格林·德威特，以及其他人前往得克萨斯的殖民者，甚至包括获得政府特许权的实业家，他们去得克萨斯是为了建立奴隶制，也否定了得克萨斯革命主要是受美国的影响。作为从事殖民地工作的主要事务官，斯蒂芬·F.奥斯汀留下了大量文件，从中可以很轻易地了解他的动机。不管怎样，斯蒂芬·F.奥斯汀不担心奴隶制会对自己的事业产生影响，以及墨西哥立法不利于奴隶制的发展。斯蒂芬·F.奥斯汀反对墨西哥立法，仅仅是因为他担心这会延缓自己移民迁徙计划的进程，尽管这些在计划建立殖民地时无法预测。1834年，在被墨西哥政府关押期间，斯蒂芬·F.奥斯汀也拒绝了得克萨斯脱离墨西哥的建议。在得克萨斯革命进行了近三个月后，斯蒂芬·F.奥斯汀才同意宣布得克萨斯独立。就斯蒂芬·F.奥斯汀来说，正如他的前辈预料的那样，一开始，他反对奴隶制，直到独立战争爆发前夕他才改变自己的观点。针对所有上述情况，如果说斯蒂芬·F.奥斯汀受到了某些诱惑想要扩大奴隶制，那是无稽之谈。而对那些在斯蒂芬·F.奥斯汀殖民地的居民来说，他们在执行任何达到扩大奴隶制这一目的的计划中有意或无意地充当代理人的可能性也是完全没有事实依据的。

得克萨斯革命不是美国奴隶主阴谋论的产物。美国奴隶主虽然并不都支持得克萨斯革命，但都同情得克萨斯革命，并且为得克萨斯人提供了许多帮助。不过，这并不是导致得克萨斯爆发革命的直接原因。得克萨斯革命爆发既不是因为山姆·休斯顿，也不是因为安德鲁·杰克逊，更不是因为奴隶主，而是因为两种不可兼容的文明类型产生了"不可压制的冲突"。得克萨斯革命虽然受彼时发生在美国的类型相似的更大冲突的影响，但其性质绝不会有任何改变。同时期的文件对得克萨斯革命一事解释得非常清楚，因此，只要不怕麻烦，认真阅读文件，就会明白所谓的阴谋论根本站不住脚。

1836年革命后，得克萨斯共和国一直是保持独立地位的政权，直到1845年被美国兼并。因为失去了这一区域，所以墨西哥拒绝承认得克萨斯共和国的独立地位，但没有做出什么实际的努力来夺回它。墨西哥和得克萨斯共和国的冲突已不适合被称作一场战争，它更像是一系列小规模的袭击，目的仅仅是宣泄彼此的怒气。得克萨斯共和国寻求兼并没有成功，因此，它只能另作打算。1838年到1841年，米拉博·B.拉马尔任职总统期间，得克萨斯共和国处于最低潮。没有资金，没有存款，除了一些公共土地，得克萨斯共和国没有任何实际的资源，时不时还要遭到印第安人的掠夺与骚扰，受到墨西哥的入侵与威胁。看起来年轻的得克萨斯共和国似乎难以支撑太久，因此，必须寻找一些强大的力量来分担自己承受的压力。那个时候，得克萨斯共和国从来没有面临任何被墨西哥重新征服的危险。因为得克萨斯人至少可以保卫自己的家园，并且人口数量也远远多于1836年打败墨西哥时的人口数量。最重要的是，得克萨斯人虽然很贫困，不得不面对一些突发状况，但具有百折不挠、自力更生的精神，以及远大的抱负。这一时期，通过立法，得克萨斯共和国设立了公费学校，奠定了公共教育体系的基础。如果没有这个基础，那么我们无法想象今天的得克萨斯会是什么样子。

19世纪40年代，当俄勒冈刚引起美国人注意时，它还被叫作哥伦比亚河。河流确实是俄勒冈最重要的地理特征，因为在早期的地图上，哥伦比亚河下游被叫作"西部河流"，上游被叫作"俄勒冈"。1792年，罗伯特·格雷驾驶着"哥伦比亚"号商船从波士顿驶入这条河的河口。后来，他便用船名命

1792年，罗伯特·格雷驾驶着"哥伦比亚"号商船穿过哥伦比亚河

名了这条河。俄勒冈这个名字开始流行一定是因为它曾出现在威廉·卡伦·布赖恩特的作品《死亡随想》中。1822年1月18日，在国会提出议案时，弗吉尼亚州的约翰·弗洛伊德第一次使用"俄勒冈"这个名字来指代这个地区。

俄勒冈历史的早期阶段，边界不是很确定，其境内有些地方与西班牙、俄国、英国、美国的部分领土存在重叠。然而，俄勒冈的边界问题通过一系列条约最终确定下来，这也在很大程度上减少了因为所有权问题可能引发的争斗。1819年签订的条约规定，西班牙需要将北纬42°以北的所有领地交给美国；1824年，美国和俄国缔结公约，取消了俄国对北纬54°40′以南的俄勒冈的领土主张。于是，俄勒冈的边界线南至北纬42°，北达北纬54°40′，西到太平洋，东至落基山脉。落基山脉当时是路易斯安那州的西部边界线。当然，边界问题只在英国和美国之间引起争论。俄勒冈大部分地区都属于哥伦比亚河流域，其中，有很大一部分地处哥伦比亚河河谷西北的弗雷泽河流域。此外，俄勒冈还包括一些相对较小的地方，不属于上述任何一条水系。

俄勒冈内部的第一个定居点叫作麦克劳德堡，是1805年由加拿大的西北公司在弗雷泽河上游地区建立的。哥伦比亚河河谷建立的第一个定居点叫作亨利堡，位于斯内克河北的岔口处，是由来自圣路易斯的密苏里毛皮公司的一个代理商管理，但这个定居点好像只在1809年和1810年投入使用过。[①] 俄勒冈远离美国的商业中心，在此地进行的皮草生意虽然有可能会盈利，但同时存在很多危险，并且大西洋港口的商人也更加喜欢通过海路而不是陆路来发展贸易。然而，哥伦比亚河以北的整个内陆很快就布满了英国人的贸易站。

在俄勒冈，美国公民建立的第一个重要据点是阿斯托里亚，位于哥伦比亚河左岸，靠近河口。1811年，该据点由纽约的约翰·雅各布·阿斯特负责的太平洋毛皮公司建立。约翰·雅各布·阿斯特的目的是将这个据点建成一个商业陆路运输的仓库。货物经由此地运到哥伦比亚然后运往坎顿。1812年英美战争期间，阿斯托里亚向英国投降。1818年，按照《根特条约》规定，阿斯托里亚被归还给美国，但所有权不再属于约翰·雅各布·阿斯特，而是属于西北公司。因为在被占领前，阿斯托里亚就被卖给了西北公司。

---

① 当然，1805年到1806年，梅里韦瑟·刘易斯和威廉·克拉克探险队建立的科拉特索普堡没有包含在内。——原注

根据英国与美国签订的《1818年条约》，英国人和美国人都可以随意占有俄勒冈的领土。不过，事实表明，很难推动美国人移民俄勒冈的浪潮。俄勒冈离大西洋西岸太远，交通不便，殖民者难以到达，并且它没有任何宽松的土地赠予政策吸引他们前来定居。另外，哈德孙湾公司唯恐失去自己的商业垄断地位，它认为俄勒冈的所有事情最终都要由英国人来解决，这也在一定程度上阻碍了美国人真正占有俄勒冈。多年来，很多人为此做出努力，想要唤醒大众的热情，包括颁布立法措施，从而占有俄勒冈，但并没有取得成功。为此付出努力的人士有：国会下议院成员弗吉尼亚州的约翰·弗洛伊德、马萨诸塞州的弗朗西斯·贝力兹，以及参议院成员密苏里州的刘易斯·F.林和托马斯·哈特·本顿。影响这些人开展工作的不利因素包括美国毛皮公司的反对，以及对如果被其他人得到，俄勒冈最终会脱离联邦的担心。

在俄勒冈历史的早期阶段，人们到此地的交通不太方便，需要绕过非洲的合恩角，从海上航行大约12 000英里。1832年，马萨诸塞州剑桥市的纳撒尼尔·贾维斯·怀斯由陆路到达俄勒冈，他走的路线充分利用了泽布伦·派克、本杰明·博纳维尔、杰迪代亚·斯特朗·史密斯，及其他人探险获得的道路信息，还有些道路信息来自捕猎者。纳撒尼尔·贾维斯·怀斯不是第一个发现经由霍尔堡到达俄勒冈这条捷径的人，却是第一个提出这条路线最简便、最实用，即使是使用运货马车，也非常方便的人。

俄勒冈真正的殖民化开始于卫理公会传道会向外派出传教士，这是为了回应哥伦比亚河上游的印第安人的请求。传道会共派出两位传教牧师，杰森·李和其侄子丹尼尔·李[①]；两位平信徒传教士，塞勒斯·谢泼德和菲利普·L.爱德华兹，以及他俩的助手考特尼·M.沃克，他主要从事一些非宗教方面的工作。1834年，这批传教士加入了由纳撒尼尔·贾维斯·怀斯率领的第二批远征军，前往俄勒冈。到达俄勒冈后，远征军在威拉米特河附近的弗伦奇大草原安置下来，这里距离尚波伊据点还有一段距离。尚波伊据点由一个在哈德孙湾公司工作、后来退休的法裔加拿大人建立。1836年，两个长老会传道会成立了，一个位于沃拉沃拉河的怀拉特普，另一个靠近拉普怀溪与克利尔沃特河的交汇处。这一带的传教士包括牧师塞缪尔·帕克和亨利·哈蒙·斯波尔丁，从事非宗教工作的助手威廉·亨利·格雷，还有医生马库斯·惠特曼。据说，马库斯·惠特曼带着第一辆运货马车越过了落基山脉的分界线。关于马库斯·惠特曼，还有一个非常有趣的故事，说正是他把俄勒冈从英国人手里解救了出来，但这个说法完全没有根据。

与俄勒冈有关的信息四处传播开来，有的是通过信，有的是通过那些从俄勒冈返回东部的人做的讲座或者是采访，有的是通过1836年美国政府派出的代理情报员威廉·A.斯莱库姆所做的报告，有的是通过华盛顿·欧文的作品《阿斯托里亚》和《博纳维尔上尉探险记》。所有这些传播方式都进一步促进了移民浪潮的高涨。传道会也因增援得到加强。开始有来此定居的人，他们有的与传教士待在一起，有的没

[①] 丹尼尔·李是杰森·李的哥哥伊莱亚斯·李的儿子。——译者注

有。俄勒冈的移民进程虽然经过了几年的发展，但规模还是偏小，人数还是偏少。到1841年年末，移民的总人数还不到400人。然而，道路已打通，并且取得了部分进展，因此，移民进程一定会继续下去。

美国声称的对俄勒冈的焦虑，让世人更加关注俄勒冈，以及临近的加利福尼亚，这在以前是不存在的。美国应控制太平洋沿岸这一部分，这既是为了自己的商业利益，也是为了避免其他国家参与进来。这种愿望在民主党政治领导人的心中留下了深深的印记，使他们急于占有条件优越的旧金山湾。尤其是在詹姆斯·诺克斯·波尔克的心目中，占领旧金山湾的想法产生了重要影响。

詹姆斯·诺克斯·波尔克

直到1841年，美国和加利福尼亚的关系一直依赖商业交流来维系。商业交流一部分是绕过合恩角走海路，另一部分是经过圣菲走陆路。实际上，海上贸易也许可以追溯到1796年"奥特"号商船从波士顿出发前往加利福尼亚的那次行程。1826年，杰迪代亚·斯特朗·史密斯开创了先河，开辟了从陆路进入加利福尼亚的道路。通过这条道路，陆路贸易艰难地开始了。1841年，大约有20艘商船满载美酒、鞋子、各种布料、茶叶、咖啡等总价值约为10万美元的商品来到加利福尼亚。当时，加利福尼亚出口的商品主要是兽皮、兽角、动物油脂、皮毛。

加利福尼亚的政府犹疑不决、工作效率低下。在墨西哥宣布独立后，这一状况并没有发生什么实质性改变。墨西哥城的中央政府刚刚经历了几乎连续不断的革命战争，或许是太虚弱，或许是太忙于应付国内的状况，因此，无暇顾及遥远的北方领土加利福尼亚。因此，在大部分情况下，加利福尼亚只能自力更生，而墨西哥对它的控制力极小。1831年，遥远的加利福尼亚经历了一系列骚乱后，情况变得愈加复杂。从本质和影响来看，骚乱具有革命性质，也有部分原因是由于中央政府的嫉妒心理。政府通常可以接受这些骚乱的结果，因为它实在找不到更好的办法来解决这些麻烦。直到1846年美国声称加利福尼亚是美国的领土，骚乱才得以停止。地方政府的工作效率与中央政府比起来也好不到哪里去，人们的生命和财产安全的程度不是取决于加强法律，而是取决于墨西哥人不再犯罪。

1835年，理查德·亨利·达纳曾指出，英国人和美国人很快就会挤满加利福尼亚的主要城镇。1841年，加利福尼亚的白人约为6 000人，其中，大约有380人是外来移民。实际上，移民加利福尼亚的运动还没有真正开始。英裔美国人已帮助得克萨斯共和国摆脱墨西哥的统治，正等着要把它送给美国。加利福尼亚如果也脱离了墨西哥，那么一定会被美国占领。

第 3 章

1840年总统大选

（1839年至1840年）

精彩看点

政党分裂——辉格党召开全国代表大会——民主党召开全国代表大会——各党提名总统候选人——辉格党竞选活动的特点——马丁·范·布伦落选

1840年，由于政治结盟，美国选举人阵营分成了两个部分：民主党和辉格党。这种状态可以追溯到安德鲁·杰克逊任职总统期间。在安德鲁·杰克逊的主导影响下，美国产生了新的政治理想与政策体系；与此同时，一个对立体系也成长起来，在这个对立体系赢得第一场巨大胜利前，似乎它也不能清楚地定义自己。十二年来，"杰克逊式"民主控制着美国政府，独断专行。直到1840年，辉格党才可以与民主党抗衡，它开始挑战最高权威。

1824年到1840年，这一时期政党分裂基本上是个人的。所谓政党，不过是一群人最初聚集在一起，声称自己是同一个政治家族的人，但每个人后来都在寻找不同的领导者。所有人虽然都宣布要支持托马斯·杰斐逊，但有人提出要支持约翰·亚当斯，有人提出要支持亨利·克莱，还有人提出要支持安德鲁·杰克逊。然而，当安德鲁·杰克逊当选总统后，追随他就意味着要采取一种积极进取的政策，还要遵循一系列清晰的原则。但对辉格党人来说，共同的纽带并不是大家都有一致的政治信仰,而是大家都反对安德鲁·杰克逊。而马丁·范·布伦继承了这一点,辉格党共同的纽带就变成了反对"追随其杰出前任脚步"的马丁·范·布伦。1834年,在《信使问询报》上,詹姆斯·沃森·韦布将该政党称为"辉格党"。他的目的是暗示反对行政部门的侵犯。如果将这个政党称为"反安德鲁·杰克逊党",那么也许会更准确。辉格党包括以约翰·昆西·亚当斯为代表的国家共和党人、无效者党①成员、反共济会成员,实际上还包括每一

詹姆斯·沃森·韦布

① 1832年到1833年,南卡罗来纳州与联邦政府进行对抗。原因是南卡罗来纳州试图宣布1828年和1832年的联邦关税在该州无效。在此基础上,无效者党成立。——译者注

个可以联合起来攻击安德鲁·杰克逊或者马丁·范·布伦的力量。

1839年12月4日，在哈里斯堡，辉格党召开全国代表大会，正式拉开了1840年总统大选的序幕。亨利·克莱是辉格党领导人中最卓越和最有能力的，他本应成为该党的总统候选人。不过，因为考虑到当选的可能性，有人反对提名亨利·克莱为总统候选人。亨利·克莱是共济会成员，他公开宣称贸易保护主义。因此，大家担心亨利·克莱不能协调为打败马丁·范·布伦而必须巩固的各种因素。俄亥俄州的威廉·亨利·哈里森不存在像亨利·克莱那样让大家反对的理由，并且他以前就是有名的总统候选人，在军队中威望也很高，所以他最终获得提名。不过，这是在各州代表团进行一系列投票，并且将结果进行比较后才得出的结论。一开始亨利·克莱获得103票，威廉·亨利·哈里森获得94票，温菲尔德·斯科特获得57票。然而，到投票的最后阶段，威廉·亨利·哈里森获得148票，亨利·克莱获得90票，温菲尔德·斯科特获得16票。总统候选人提名结束后，亨利·克莱在几天前写给肯塔基州代表团的信被公布。在信中，亨利·克莱说，有人要求他为了党内和谐退出总统竞选。然而，亨利·克莱认为大会有权选择最合适的候选人，并且他承诺愿意支持被提名人。在随后为辉格党的拉票中，亨利·克莱兑现了这一承诺。

辉格党全国代表大会继续提名副总统候选人。弗吉尼亚州的约翰·泰勒获得了除自己所在州之外其他所有州代表的支持。慎重起见，约翰·泰勒曾劝说弗吉尼亚州的代表团不要投票给自己。约翰·泰勒是一个州权至上论者。约翰·泰勒非常赞同安德鲁·杰克逊的想法,他反对建立国家银行,并且通过演讲和投票把自己的观点表达出来。然而,1833年,约翰·泰勒因为强烈反对无效化政策,开始与安德鲁·杰克逊疏远。从那时起,约翰·泰勒就与反对安德鲁·杰克逊的一个联合党一起行动。很快,这个党就被称为"辉格党"。据说,在辉格党全国代表大会召开前,亨利·克莱曾答应提名约翰·泰勒为副总统,但前提条件是他

约翰·泰勒

必须停止反对威廉·卡贝尔·里夫斯当选弗吉尼亚州的参议员。不过，从当时的状况看，并没有证据显示约翰·泰勒曾同意这样的交易。

辉格党没有通过任何政治纲领，党内的成员也不可能在纲领上达成一致，因为该党是由最不相容的成员组成的。辉格党的成员包括原来国家共和党的核心人物，还有像约翰·泰勒这样最极端的州权至上主义者。任何确定辉格党原则的尝试，一定会让它四分五裂。

1840年5月4日，在巴尔的摩，民主党召开全国代表大会。大会开始不久后，便正式通过政治纲领。民主党已执掌政府近12年。它的政策体现在它承诺的一系列措施中，同时它明确立场，力求做到收益超过损失。民主党总体上宣布赞成严格解释宪法条例，赞成政府从银行机构中撤出资金；反对内部改进；反对承担因内部改进而签订的或为任何其他目的而签订的州债务；反对不平等地扶植工业；反对增加超过政府必要开支所需的财政收入；反对给国家银行特权；反对国会干预奴隶制；反对剥夺公民和土地所有者的特权。

随后，民主党全国代表大会继续提名总统候选人。以前，民主党全国代表大会已得出结论，应推荐现任总统马丁·范·布伦连任。马丁·范·布伦处事圆滑，态度和蔼，虽然并不适合安德鲁·杰克逊粗暴和激进的制度，但至少彻底认同安德鲁·杰克逊的制度。民主党全国代表大会一致决议，推荐马丁·范·布伦为民主党的总统候选人。然而，对副总统的人选，大家的意见并不统一。最初，民主党全国代表大会坚决反对提名时任副总统的理查德·门特·约翰逊继续担任该职位,因此,他没有被提名。最终,民主党全国代表大会一致表决通过,不宜提名副总统人选。

1840年4月1日,在奥尔巴尼,除了辉格党和民主党,废奴主义者也组织召开了全国代表大会。然而,此次会议进程并不重要,仅体现了当时各党派存在的冲突。大会提名纽约州的詹姆斯·吉莱斯皮·伯尼和宾夕法尼亚州的托马斯·厄尔为总统候选人。普选中,此二人得到超过7 000张选票的支持。选票来源为除印第安纳州之外其他所有的自由州。

辉格党竞选活动的特点是举行规模庞大的集会和游行,表现出巨大的热情。辉格党人几乎不说他们相信什么,而更多地强调他们不相信什么。对此,巴尔的摩报纸《美国人》轻蔑地评论道,只要给威廉·亨利·哈里森一间小木屋和一桶烈性苹果酒,他就会非常乐意待在俄亥俄州。作为对媒体评论的回应,也为了让自己的候选人看起来更像是人民的代表、更像是西部的代表,辉格党人将小木屋作为自己竞选的标志。后来,又在小木屋旁边增加了一桶烈性苹果酒,用浣熊的皮或者是一头活的浣熊来装饰小木屋,增强竞选标志的效果。引起人们关注的是参与竞选的人,而不是竞选中采取的具体措施。辉格党人没有普遍抗议组建国家银行,因为国家银行能够满足一部分辉格党人的利益;也没有普遍抗议州权,因为州权也会引起一部分人的兴趣,但疯狂呼吁"支持蒂珀卡努和约翰·泰勒",以及"打倒马丁·范·布伦主义"。人们普遍谴责所谓的总统办公室滥用职权的行为。辉格党关于改革的承诺非常含糊,但参加拉票的威廉·亨利·哈里森至少做出了一个具体承诺,他如果当选总统,那么将会阻止政府官员对选举工作的干涉。不过,大多数辉格党人采取回避的政策,否认每一项积极的政策,尤其是想要组建国家银行的这一方案。

民主党人非常鄙视辉格党人喧闹的竞选方式。随着拉票活动的进行,这种鄙视里还带着一丝惊恐。当时,选举选举人的时间不一致,因此,整个选举过程持续了近一个月。这使喧闹的竞选方式更有效。以前取得的成功使辉格党对接下来的竞选活动充满了热情,并且朝着对它有利的方向加速了进程。与1836年总统大选相比,这次普选人数有了大量增加。民主党的普选票从762 978票增加到1 129 102票。辉格党的普选票从736 250票增加到1 275 016票。

从选举结果来看,马丁·范·布伦背后尽管有强大、一致的力量支持,但最终仍以惨败收场。在选举人的294票中,马丁·范·布伦仅获得60票。对同时代的人来说,这次选举就像是一次彻底的政治革命。实际上,自1800年以来,这是在野党第一次真正战胜一个组织严密的执政党。虽然1828年总统大选的意义更重大,但当时约翰·昆西·亚当斯没有这样的政党支持他。即便如此,实际上1840年总统大选并没有看上去那么重要。在大部分州的普选中,威廉·亨利·哈里森只取得微弱优势。最终,联邦的总票数合计超过240万,但支持他的票数不足15万。国会选举使辉格党人在众议院获得44个多数席位,在参议院获得7个多数席位。如果辉格党团结一致支持某个方案,那么这个多数席位足以使这个方案被执行,但还不足以使国会独立于行政部门。

1840年总统大选的意义以负面为主。

威廉·亨利·哈里森当选只能说明，这一时刻，约一半多一点的美国选民暂时处在反对"范·布伦主义"的阵营中，但他们并不是很清楚自己想要的到底是什么。

第4章

约翰·泰勒与辉格党的争论
（1841年至1842年）

精彩看点

威廉·亨利·哈里森执政——亨利·克莱和丹尼尔·韦伯斯特——约翰·泰勒执政——统一货币问题——建立美国财政银行——约翰·泰勒实行否决权——约翰·泰勒受到攻击与指责

1840年的总统大选，辉格党赢得胜利，得以执掌政府。如果威廉·亨利·哈里森能活着，那么接下来的灾难就有可能避免，或者至少能够得到缓和。因为与约翰·泰勒相比，威廉·亨利·哈里森与国会中大多数人更能保持观点一致。然而，即使是带领各种力量联合起来取得胜利的领导人，在斗争结束后，也无法将这些力量重新聚集在一起。在威廉·亨利·哈里森刚开始行使总统职能不久，一些反抗的迹象就出现了。可以肯定的是，在总统就职演讲中，威廉·亨利·哈里森多次提到，要认真遵守对行政部门的承诺。在实施过程中，威廉·亨利·哈里森让国务卿丹尼尔·韦伯斯特给政府各部门负责人发出通告，指示他们散布消息，大意是任何人"出于党派目的，或者是为了赢得选举……支付任何评估的费用或者工钱"都有可能被撤职。然而，这仅仅意味着威廉·亨利·哈里森与那些曾经投票支持自己的人发生争执，但并没有阻止联邦政府官员表现出一如既往的狂热情绪，尽管这些官员没有像竞选活动时表现得那样喧闹。有太多人谋求官职，威廉·亨利·哈里森虽然尽可能地听取申请人的意见，但无法满足所有人的要求。辉格党不可能为了争夺战利品而斗得粉身碎骨，但它需要花很大的精力，包括精神和物质两方面，来满足所谓的"饥饿人群"的胡搅蛮缠。就职不到一个月，威廉·亨利·哈里森就去世了。无论这将会带来多么混乱的局面，形势已突然发生改变。威廉·亨利·哈里森去世的消息不胫而走。外界普遍认为威廉·亨

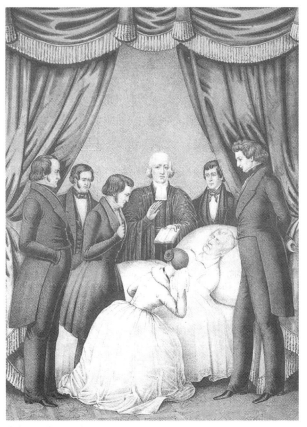

威廉·亨利·哈里森去世

利·哈里森突然死亡是因为那些谋求官职的人给他施加了太大的压力。当然，这也可能是威廉·亨利·哈里森死亡的部分原因。

上任后不久，威廉·亨利·哈里森就发布公告：1841年5月31日，将召开第二十七届国会特别会议，审议"各种各样的问题，其中，最主要的是由国家税收和财政状况引起的问题"。约翰·泰勒向参议院和众议院提交了咨文后，两院马上就定下心来投入最重要的会议工作。

辉格党的政治领袖是亨利·克莱和丹尼尔·韦伯斯特。与丹尼尔·韦伯斯特相比，亨利·克莱是更高一级的领导者和组织者。当亨利·克莱知道是威廉·亨利·哈里森，而不是自己被哈里斯堡的辉格党全国代表大会提名总统候选人时，他气得快要发狂。不过，亨利·克莱对自己非常有信心。在法庭上，亨利·克莱曾多次发表雄辩，取得胜利。因此，亨利·克莱对自己的实力非常清楚，并且丝毫不尊重像威廉·亨利·哈里森和约翰·泰勒这样的"平庸之辈"。美国历史上，可能没人能像亨利·克莱一样，拥有这么多忠实的拥护者。在这场竞选运动中，亨利·克莱做出了贡献。不过，显而易见，无论是对人民选择的总统，还是对因上帝的旨意而成为总统的人，亨利·克莱都不愿意放弃自己至高无上的权利。

在威廉·亨利·哈里森去世前，亨利·克莱就已有争夺新政府控制权的征兆。威廉·亨利·哈里森的内阁曾想任命亨利·克莱为国务卿，但他没有接受。威廉·亨利·哈里森曾暗示他，他们最好不要总是待在一起，被人看见不好，甚至还提醒他要搞清楚究竟谁才是总统。如果说亨利·克莱对威廉·亨利·哈里森态度傲慢，并且对他寄予厚望，那么还能期望亨利·克莱怎么对待约翰·泰勒呢？毕竟亨利·克莱和约翰·泰勒基本上没有什么相似的地方。除了亨利·克莱，另外一个需要关注的是丹尼尔·韦伯斯特。丹尼尔·韦伯斯特是一个天生的领导者，他有过人的智慧和超常的雄辩口才，但缺少像亨利·克莱那样的热情和个人魅力，不太适合政治管理类的工作。作为一个新英格兰人，丹尼尔·韦伯斯特也不如亨利·克莱"有利用价值"。丹尼尔·韦伯斯特虽然有这么多缺点，但其影响力不可忽视。另外，对威廉·亨利·哈里森来说，因为亨利·克莱拒绝担任国务卿一职，丹尼尔·韦伯斯特就是一个适合担此重任的人。约翰·泰勒可以接手丹尼尔·韦伯斯特这位著名的外交家开辟的外交工作。在执政最艰难的时期，约翰·泰勒也一直坚持这些外交工作。

除了亨利·克莱和丹尼尔·韦伯斯特，第三个需要关注的政治家是约翰·泰勒。约翰·泰勒如果愿意安安静静地扮演亨利·克莱的傀儡君主的角色，那么可能可以相对和平地度过任期，然后开始自己的退休生活。那些曾经接受约翰·泰勒建议的人，以及曾经得到约翰·泰勒帮助的人会赞扬、祝福他。然而，本性使然，约翰·泰勒并不适合成为这样一个没有个性的角色，他也不会接受这样的安排。约翰·泰勒留下了充足的、前后记录一致的资料，为后人评判他提供了充分的依据。如果人们不知道应对约翰·泰勒抱有什么期望，那么是因为他们不了解他一贯的作风，或者是因为他们认为他现在或许变得不一样了。约翰·泰勒没有遵照总统大选结束时辉格党人试图建立的规则，而辉格党也不能谴责约翰·泰勒的背叛行为。因为在这场总统竞选活动中，辉格党拒绝确定任何标准。据此，可以从其他人那里了解辉格党人。随着亨利·克莱在国会中领导多数派，以及约翰·泰勒担任总统，和谐的辉格党政府的前景一下子完全消失了。

很快问题就来了，这有些出乎约翰·泰勒的意料。实际上，约翰·泰勒主张自己要全权行使总统的权力，但在行使总统权力时，他处理事情的速度，以及行使职权的范围都和自己的期望有差异。这可能是因为以前没有先例，也没有明确的惯例。尽管威廉·亨利·哈里森的内阁中有四名成员支持亨利·克莱，但约翰·泰勒还是全权接管了威廉·亨利·哈里森的内阁，没有进行任何改变。1841年4月9日，约翰·泰勒向全体美国人发表就职演讲。正如人们预料的那样，这次演说只涉及一些普遍性问题，但显示了约翰·泰勒的就职情况不容乐观，可能会引起其他小派系攻击政府。对"现存法令"关于政府财政的相关政策，约翰·泰勒表示不满，并且做出承诺，支持使用"任何宪法允许的措施"，帮助国会重建一个"健全的流通媒介"。约翰·泰勒表示，在判断任何一种措施最终是否适合，以及这种措施是否符合宪法时，自己将遵从"共和派前辈"的观点。

在特别会议开幕式的讲话中，约翰·泰勒的态度非常明确。约翰·泰勒强调"合适的财政代理"的必要性，并且宣称"民众的声音"已谴责三种尝试过的方式，即美国银行、州银行，以及现存的国库分库体系。约翰·泰勒向国会提交了"整个问题"，仅仅保留了驳回任何在他看来有可能"与宪法冲突，或者有可能危及国家未来繁荣发展"措施的权利。

毫无疑问，按照约翰·泰勒的讲话中建议的思路进行某种立法是必要的。州银行的利益集团虽然反对辉格党人重建国家银行，但准备和辉格党一起反对国库分库。然而，经验表明，国库分库是一个令人满意的机构，在保管和处理国家财政收入方面比州银行或者辉格党要做得好一些。当然，州银行或者辉格党也承认这一点。

统一货币的问题需要解决，并且意义重大。1840年1月，在参议院，亨利·克莱宣称，从新泽西州到美国最西南端，一半的银行已暂停使用金属货币支付；全国范围内，没有统一价值标准的货币；根据金属货币面值不同，出现了从票面价值到票面价值50%不等的贴现率，并且兑换比率非常高且不稳定。这样的状况如果出现在有活力、追求进步的民族中，那么人们一定会积极寻找补救措施。当地银行出现问题时，它的处理方法和管理方式会根据州政府法律的不同限制发生变化。因此，如果没有通用的管理规则，那么就不会有统一的货币政策。建立国家银行可能不是非常必要，但建立某种国家银行体系则很有必要。约翰·泰勒特别建议，希望得到国会的许可，在有限制的基础上，各州政府根据自己的能力建立银行。这表明，约翰·泰勒已清楚地意识到问题的严重性。

收到约翰·泰勒的建议后，参议院和众议院立即投入工作。亨利·克莱提出一项提案，调查废除国库分库法的可行性，该提案得到参议院通过。紧接着，1841年6月4日，出于同样的目的，亨利·克莱又提出一项法案。四天内，参议院匆忙通过该法案。与此同时，参议院和众议院请求财政部部长托马斯·尤因制定方案，设立银行或者财政代理人。1841年6月7日，亨利·克莱提出了一系列本应在1839年哈里斯堡辉格党全国代表大会召开前提出的提案。这些提案实际上是辉格党迟来的政纲声明。提案中提出了一项计划，计划名义上是为了本届会议的立法工作，但实际上是辉格党的政策，

托马斯·尤因

其中，包括废除国库分库法、银行合并、实施可以带来充足税收的关税政策，以及分配公共土地的收益。亨利·克莱没有要求立即实施这些提案。卡尔·舒尔茨称这些提案为"给国会的总命令"，这个表述非常恰当。毫无疑问，亨利·克莱提出这些提案是为了向约翰·泰勒发出通知。因为据说约翰·泰勒曾公然蔑视亨利·克莱。无论如何，这些提案看起来更像是一种直接的设想，即设想约翰·泰勒有建议立法的宪法权力。

国会继续执行亨利·克莱的命令。1841年6月8日，参议院通过了废除国库分库法的法案。推动下一个项目，也就是关于银行的项目时，延误了四天，因为财政部部长托马斯·尤因的报告被耽误了，而他的报告是这个项目实施的基础。1841年6月12日，托马斯·尤因提交了报告，同时提交了一项法案，要求在哥伦比亚特区建立一家银行，并且将该银行称为"美国财政银行"。美国财政银行拥有一般的银行权利，但受一定的限制。托马斯·尤因提出的法案规定，国会不应凭借全国性的权力，而应凭借作为哥伦比亚特区地方行政主体的权力，在哥伦比亚特区建立一家银行，并且以此作为银行系统的核心。经过授权许可，美国财政银行可以在部分州建立支行；在得到州政府允许后，还可以在各州拥有存款和贴现的功能。亨利·克莱的提案要求财政部部长托马斯·尤因实施该银行计划，并且制定一项不违背宪法的法案；而要求各州同意的规定，则是为了消除约翰·泰勒对该银行计划是否合宪的顾虑。

直到1841年6月21日，接受这项法案的特别委员会一直在争论是否建立美国财政银行这个问题。后来，特别委员会做了另外一份替代方案的报告，其中，省略了关于各州同意的限制性条款。这份报告证实了国会建立银行的宪法权力问题已得到解决。如果不承认国会不经州政府同意在任何州建立分行的现有宪法权力，那么在哥伦比亚特区建立美国财政银行的法案便没有法律效力。

特别委员会的辩论一直持续到1841年7月28日。整个过程中，亨利·克莱很焦躁，并且还威胁要修改参议院的条款，以便在发表言论方面给予限制。众议院多数派朝着限制言论这个方向做了一些工作，并且于1841年7月7日通过了所谓的"小时法则"。亨利·克莱竭力呼吁："行动！"但约翰·C.卡尔霍恩很讽刺地回应："掠夺！"据约翰·C.卡尔霍恩说，这样才能显示口号的真实含义。亨利·克莱限制言论的建议让参议院多数派变得犹豫不决，他只好放弃这个想法。最终，关于宪法反对银行在各州建立支行，大家互相妥协了，并且形成了一项修正案：在法令通过后的最初阶段，如果各州的立法机构没有明确表示反对，那么便假定各州同意这项法令。1841年7月27日，参议院投票结果为25票比24票，通过了这项修正案。因为有一位反对妥协的辉格党参议员缺席，从而使修正案以26票比23票获得通过成为可能。众议院立即开始讨论该修正案。经过简短的讨论后，众议院于1841年8月6日，以128票比97票的投票结果通过该修正案。经过这次事件，辉格党的常规多数席位从44位下降为31位。

等到需要约翰·泰勒做决定时，他将该修正案保留至1841年8月16日，然后行使否决权，将它退回。约翰·泰勒行使否决权,一部分原因是反对国会设立一家银行来操纵整个国家的银行。也就是说,只借助国会授予的权力建立这样一家银行,这一点在约翰·泰勒看来不符合宪法规定。另一部分原因是约翰·泰勒反对与各地贴现有关的条款。约翰·泰勒认为这会引起"徇私舞弊和贪污受贿"。1841年8月19日,关于否决修正案的问题最终提交给参议院,参议院的投票结果为25票赞成,24票反对。

约翰·泰勒行使否决权的消息一经传开,华盛顿政府人员的情绪非常激动。在参议院宣读文件时,回廊上发生了示威活动,这激起了托马斯·哈特·本顿极大的愤慨。当天夜里,在白宫附近,骚乱的人群聚众生事,谴责约翰·泰勒行

托马斯·哈特·本顿

使否决权。不过,约翰·泰勒好像对此事毫不关心。事实表明,这只不过是人们一时的愤慨而已。

在约翰·泰勒和国会多数派就谈判的问题达成一致意见前,总统行使否决权几乎不会对外宣布。首先,约翰·泰勒与弗吉尼亚州的辉格党成员亚历山大·休·霍姆斯·斯图尔特接洽。对被否决的修正案,亚历山大·休·霍姆斯·斯图尔特提出应达成一个协议基础,规定在各州设立从属代理机构,代理机构应被允许进行外汇交易,并且行使其他银行职能;如果各州没有明确反对,那么这些代理机构还可以转换成贴现和存款办事处。约翰·泰勒后来修改了这一规定,即在各州同意的基础上建立银行支行,但取消支行的贴现优先权。

辉格党召开了一次核心小组会议,并且决定以众议院已备案的一个法案作为新法案的基础,这个法案由货币问题特别委员会报告。核心小组会议派参议员约翰·麦克弗森·贝里恩和众议员约翰·萨金特去见约翰·泰勒,并且努力使法案符合约翰·泰勒的要求,正如亚历山大·休·霍姆斯·斯图尔特报告的那样。为此,人们究竟做出了多大努力还不清楚,但除了满足约翰·泰勒对地方贴现率的反对意见,似乎没有做更进一步的努力,没有考虑到更重要的合乎宪法的问题。约翰·泰勒派丹尼尔·韦伯斯特和托马斯·尤因与约翰·麦克弗森·贝里恩和约翰·萨金特协商。1841年8月18日,内阁召开会议商讨此事。1841年8月19日,众议院讨论了这个问题。一项据说体现了已达成协议的法案被提出来,作为众议院未决法案的替代品。1841年8月23日,众议院进入最终投票阶段，以几乎与原法案相同的投票结果，即125票比94票，匆忙通过该替代法案。1841年8月24日，在参议院，该替代法案被宣读，并且最终于1841年9月3日，以27票比22票的投票结果获得通过。1841年9月9日，约翰·泰勒没有签字，驳回了该替代法案，重复了他最初行使否决权时的举动，并且声称该替代法案暗中授权以交换的形式进行地方贴现。

约翰·泰勒破坏了辉格党的计划，但他是否坚持了自己的信仰呢？辉格党领导人和社论撰写人猛烈地攻击约翰·泰勒。同时，除了丹尼尔·韦伯斯特，其他内阁成员都辞职了。这些辞职的成员开始谴责约翰·泰勒。除了邮政局局长弗朗西斯·格兰杰，所有辞职成员都发表了声明，指责约翰·泰勒曾对替代法案做出承诺。其中，还有人根据传闻声称，在替代法案被提交前，约翰·泰勒就已看到并批准了。1842年8月，这项声明再次被提及。这是以约翰·昆西·亚当斯为首的众议院特别委员会多数成员做出的报告，报告共有10位成员署名。对发生的一切，约翰·泰勒没有正面公开表示否认。司法调查人员不相信约翰·泰勒会捏造事实。还有一些其他证据能够用来支持约翰·泰勒的声明，包括1841年8月10日丹尼尔·韦伯斯特写的一封信。信上说，除了从"公开的和官方的行为"中可以收集到的信息，约翰·泰勒对国会可能通过的任何银行措施"完全没有做出承诺"。在没有仔细审查证词的情况下，司法调查委员会似乎就轻易接受了约翰·泰勒发出第二次否决电文时华盛顿普遍存在的有利于约翰·泰勒的言论。4位辞职的内阁成员发表声明，表示坚决效忠亨利·克莱，而丹尼尔·韦伯斯特不同意他们的意见。内阁成员中，唯一与丹尼尔·韦伯斯特亲近的政治追随者弗朗西斯·格兰杰没有发表声明。

人们提出各种理由来解释约翰·泰勒的行为，使他名誉扫地。一种解释是，约翰·泰勒被一小撮朋友的奉承误导，高估了自己，并且渴望连任。另一种说法，指责约翰·泰勒之所以实行第二次否决权，是因为他收到了弗吉尼亚州的辉格党国会议员约翰·博茨写的一封侮辱信。这种说法似乎是丹尼尔·韦伯斯特的观点。所有这些解释似乎都不太合理，也不太容易让人相信。约翰·泰勒虽然对亨利·克莱的独裁感到愤怒，导致他在行使宪法特权时轻率行事，但其行为主要还是受自身勇气和一致性的驱使。在就组织国家银行的法案进行妥协谈判的过程中，对事实问题产生误解，这是很正常的事。为获得真相，我们可以把相互矛盾的证据搁置，或者公平地筛选证据，并且仔细研究约翰·泰勒发表的声明中不存在争议的部分，以及其中展现出来的约翰·泰勒的性格。由此可以发现，在与辉格党的斗争过程中，约翰·泰勒推卸自己的责任和义务，仅仅是因为人们期待看到一个勇敢、坚定的人，一个忠实的州权至上论者。

尽管亨利·克莱继续控制国会，但约翰·泰勒仍然毫不费力地组建了一个新内阁。1841年9月13日，货币问题特别委员会休会，没有取得任何成果。建立美国财政银行的计划永远成为泡影。已落下帷幕的选举表明，对手的反击开始了。投票支持威廉·亨利·哈里森的各州：佐治亚州、马里兰州、缅因州投向民主党的阵营。其他州中，辉格党的成员也在大量减少。亨利·克莱将这样的结果归咎于辉格党的态度不够明确。亨利·克莱也许是对的，但无论如何，这依然让辉格党士气低落。1841年到1842年的例会上，亨利·克莱计划中的其他内容基本上也没有实现。为满足国库需要，政府批准了一批贷款，重新调整了关税，先是临时性调整，旨在以后建立一个永久的关税基础。政府还通过了一项条款，为各州公共用地所得收入提供分配标准，但这项条款基本不起作用。因为这项条款还附带一项限制性条款，即当关税率超过20%时将不再进行分配。总体来看，1840年辉格党取得的胜利化为乌有。1842年3月31日，在参议院，亨利·克莱发表演讲，宣布辞职。亨利·克莱的演讲令人感动，但留下诸多纷争，亟待解决。后来，亨利·克莱将所有的注意力转向重新组建自己的政党。

第 5 章

缅因州边界争端问题调整
（1841年至1842年）

精彩看点

"卡罗琳"号事件——亚历山大·麦克劳德事件——关于圣克罗伊河的身份问题——三个边界问题委员会——"高地"——新罕布什尔州和佛蒙特州以北的北纬45°的位置——荷兰王国国王威廉一世的仲裁——《韦伯斯特–阿什伯顿条约》——"地图战争"

对外国事务的管理，辉格党是比较成功的。与英国，辉格党还有很多严峻、复杂的问题要处理，如美国东北部的边界问题，英国和美国关于加拿大与纽约州边界的摩擦，搜查权在控制奴隶贸易中的作用，以及英国殖民地港口运奴船的地位等问题，但这些问题最终都得到了和平解决。在喧嚣的国内争端中，关于国际纠纷的论调不像以前那样经常被提及，但与英国可能发生战争的危险让人感到恐惧；对力阻战争的人，应当给予他应有的赞誉。

力阻美国与英国发生战争的这个人是丹尼尔·韦伯斯特。作为政治领导人，在很多方面，丹尼尔·韦伯斯特都不是非常适合，但他是一个出色的外交官。幸运的是，1841年，丹尼尔·韦伯斯特没有像其他内阁成员那样"放弃"约翰·泰勒。国会中，马萨诸塞州代表团提议支持丹尼尔·韦伯斯特。对拒绝辞职，丹尼尔·韦伯斯特给出这样的解释：在这样微妙的谈判问题悬而未决时，冒险让总统约翰·泰勒陷入为难的境地，这与自己对国家应负的责任并不一致。即

丹尼尔·韦伯斯特

使这不是丹尼尔·韦伯斯特拒绝辞职的真正原因,但这个原因也足够好,足够有说服力。丹尼尔·韦伯斯特一直担任国务卿[①],直到完成所有的工作,并且他批准了一项至少在当时可以消除与英国发生战争危险的条约。

与加拿大的边界摩擦问题源自1837年12月的"卡罗琳"号事件。一群叛乱分子,以及他们在美国的支持者占据了位于加拿大境内尼亚加拉河一侧的海军岛。海军岛的西海岸由

---

① 1841年到1843年,丹尼尔·韦伯斯特出任威廉·亨利·哈里森和约翰·泰勒政府的国务卿。——译者注

人数众多的加拿大军队驻守。"卡罗琳"号属于美国布法罗的一位公民,它是一艘蒸汽船,定期往来于布法罗和位于美国境内、尼亚加拉河沿岸的斯洛赛。然而,为获取更大的利润,"卡罗琳"号曾作为轮渡来往于斯洛赛和海军岛,运送士兵和战争所需军火。1837年12月29日晚,在靠近斯洛赛处,尼亚加拉河的东边,"卡罗琳"号遭到了加拿大一队志愿兵的袭击。在袭击中,一名美国籍船员被杀死,"卡罗琳"号被烧毁,残骸顺着急流漂进了瀑布。

事后有证据显示,加拿大和英国政府都批准了对"卡罗琳"号的攻击。发出此次行动命令的艾伦·麦克纳布上校也因此被授予爵士称号。美国国务卿约翰·福赛思立即向英国大使亨利·斯蒂芬·福克斯控诉英国"对纽约州管辖范围

"卡罗琳"号遭到加拿大志愿兵的袭击

内美国公民的人身和财产……犯下的异常暴行"。加拿大政府承担了摧毁"卡罗琳"号的责任。1838年1月8日，马丁·范·布伦要求加拿大政府拨款，赔偿损失。战争部部长乔尔·罗伯茨·波因塞特要求纽约州和佛蒙特州组织民兵来保卫边界。加拿大的军队撤出了海军岛。美国政府的警惕有效地阻止了加拿大任何形式的侵犯。然而，在佛蒙特州、纽约州和密歇根州，当地民众对加拿大叛乱分子表达了强烈的同情。各州努力援助加拿大的叛乱分子，其中，就包括破坏圣劳伦斯河的加拿大蒸汽船"罗伯特·皮尔爵士"号。一直到丹尼尔·韦伯斯特担任美国国务卿时，"卡罗琳"号事件还没有得到妥善解决。

1840年11月，曾在加拿大担任治安官的亚历山大·麦克劳德来到纽约，他吹嘘自己参与了袭击"卡罗琳"号，并且杀害了"卡罗琳"号上的那名船员。亚历山大·麦克劳德因此被捕，并且被指控犯有谋杀罪。英国政府重申了自己的诉求，要求释放亚历山大·麦克劳德。毫无疑问，如果亚历山大·麦克劳德掌握在联邦政府手中，那么丹尼尔·韦伯斯特会同意这一要求。不过，要让纽约州满意，绝非易事。美国总检察长亨利·D.吉尔平为亚历山大·麦克劳德的辩护律师向纽约最高法院申请人身保护令状提供了证据，但该申请被驳回。当时，情况非常危险，因为这件事在纽约州已激起民愤，但给亚历山大·麦克劳德定罪，实际上就是纽约州向英国发起巨大挑战。丹尼尔·韦伯斯特通知英国政府，已采取一系列措施，现在只能等待判决结果。幸运的是，辩护律师最终通过不在场的辩护，证明亚历山大·麦克劳德当时只是在吹牛。1841年10月12日,亚历山大·麦克劳德被无罪释放。

尽管有亚历山大·麦克劳德事件,以及其他引起摩擦的事件,1842年,凭借机智、耐心和精准判断,丹尼尔·韦伯斯特最终通过签订《韦伯斯特-阿什伯顿条约》,阻止了美国和英国产生更加严重的分歧。《韦伯斯特-阿什伯顿条约》最重要的部分是调整了长期以来一直存在的美国东北部边界的问题。这一边界问题长期困扰大家,因此,必须追溯这个问题的起源。

以圣劳伦斯河、圣劳伦斯湾和大西洋为界的半岛最早由法兰西人占领,被称为"阿卡迪亚"。英国人也想要占领这个半岛。1621年,英格兰王国国王詹姆斯一世将阿卡迪亚更东边的部分称为"新斯科舍",并且将它赐给威廉·亚历山大伯爵。新斯科舍西部的边界沿着圣克罗伊河一直到其源头,然后沿一条直线到达最近一条溪流的尽头,该溪流最终注入圣劳伦斯河。后来,这条边界成为划分缅因州和加拿大新不伦瑞克省边界的起源。1713年,《乌得勒支和约》将阿卡迪亚划给英国人,但阿卡迪亚、马萨诸塞属地缅因,以及法属加拿大新不伦瑞克省的边界问题一直没有得到解决。

1763年10月7日,加拿大从法兰西人那里得到许可,颁布了《1763年皇家宣言》。宣言如此描述魁北克省南部的边界问题:从尼皮辛湖最南端开始,沿一条直线到达处于北纬45°的圣劳伦斯湖。然后,沿北纬45°,以及注入圣劳伦斯河的河流与注入大海的河流的高地,一直到沙勒尔湾。当然,这就成了缅因州和新斯科舍的北部边界。这条界线虽然很明显是为了沿着圣劳伦斯河流域的东南边缘进行划分，但并没有明确地标示出来，因而人们无法轻易地确定界线。

《1782年和平条约》规定，前文提及的这条边界线特别重要，并且将它作为英国和美国的边界线，因为谈判代表非常确信应使用这条边界线。这条边界线的起点位于"新斯科舍的西北角"，"从圣克罗伊河源头的正北方到高地的这条线"的最北端。边界线沿着将注入圣劳伦斯河的河流与注入大西洋——《1763年皇家宣言》将大西洋称为"大海"——的河流分开的高地，即1783年《巴黎条约》中的"高地"，一直到达康涅狄格河源头最西北端。因此，根据《1782年和平条约》的描述，"新斯科舍的西北角"位于两条原本已知界线的交界处。《1763年皇家宣言》也描述了"新斯科舍的西北角"。《1782年和平条约》与《1763年皇家宣言》的描述存在一些差异，但目的是更准确地描述。实际上，《1782年和平条约》的措辞充满了争议。因此，还是没能确切描述出"新斯科舍的西北角"的实际位置。

在寻找、确定《1782年和平条约》里规定的界线的过程中，最先出现的争议是关于圣克罗伊河的身份问题。制定条约的委员参考的是1755年约翰·米切尔绘制的地图。在这幅地图上，约翰·米切尔用圣克罗伊这个名字给其中一条河命名。然而，附近的几条河，他用了同样的名字命名。这幅地图如此不精确，以至于它无法说明《1782年和平条约》里说的圣克罗伊河究竟是指哪一条河。英国人试图将圣克罗伊河等同于印第安人熟知的斯库德克河，而美国人则声称圣克罗伊河是指更东边的马格代维克河。1794年的《杰伊条约》

规定，成立一个专门委员会来解决圣克罗伊河的身份问题。1798年，专门委员会的判定采用了英国人认为的圣克罗伊河是斯库德克河主要支流的主张，但斯库德克河是沿着一条东边的支流而不是西边的支流到其源头，并且在源头处修建了纪念碑。

第二个争议涉及帕萨马迪科湾和芬迪湾的某些岛屿的所有权问题。1783年《巴黎条约》规定，除了原来就在新斯科舍省境内的岛屿，从圣克罗伊河河口中间正东这条线以南的方向开始，所有离海岸20里格①以内的岛屿归属美国。所有试图解决岛屿问题的谈判都以失败告终。直到1814年，岛屿所有权问题仍未解决。

1814年12月24日签订的《根特条约》规定，建立三个边界问题委员会，每个委员会都包括一名英国专员和一名美国专员。第一个委员会的任务是解决位于帕萨马迪科湾和芬迪湾岛屿的所有权问题；第二个委员会的任务是确定从圣克罗伊河源头到圣劳伦斯河与北纬45°交汇的这条界线；第三个委员会的任务是确定从圣劳伦斯河与北纬45°交汇后到伍兹湖西北角的界线。所有的陆上线路都需要给予适当的调查和标记。

1817年11月24日，第一个委员会宣布了调查结果。位于帕萨马迪科湾的穆斯岛、达德利岛、弗雷德里克岛归美国；芬迪湾的大马南岛归英国。

从圣克罗伊河源头到北纬45°与圣劳伦斯河交叉处这条界线的其他部分确定前，路易斯安那购置地的北部边界问题

---

① 里格，长度单位，1里格约为3海里。——译者注

就已确定。1818年10月20日，英美签订的《1818年条约》规定，这条界线位于伍兹湖最西北端的顶点，在与北纬49°以南或以北平行的地方，然后向西到达斯托尼山脉。采用北纬49°而不是北部密西西比河流域作为界线，使美国因此失去了密西西比河上游的部分土地，但作为补偿，它得到了北雷德河流域几乎所有的土地。

1822年6月18日，在报告中，第三个委员会，即确定从北纬45°与圣劳伦斯河交叉处开始到伍兹湖西北角这条界线的委员会指出，这条线的东半段应从休伦湖到苏必利尔湖。对这条界线的东半段部分，委员会成员取得一致意见，并且进行了调查和标记。然而，对这条界线此后往伍兹湖西北角方向的部分，委员会成员存在不同的观点。于是，1827年下半年，就这条线路，第三个委员会的成员做出了不同的报告。第三个委员会就此解散。直到《韦伯斯特-阿什伯顿条约》谈判工作开始前，英国与美国没有就这部分边界采取进一步行动。

按照要求，第二个委员会需要确定、调查、标记出从圣克罗伊河源头开始，一直到北纬45°与圣劳伦斯河交叉处的这条界线。等到实际操作时，第二个委员会的成员发现完成这项任务异常艰难。1816年9月，第二个委员会成立后，就立即投入工作。成员勘测了以前提出的多条不同界线，并且仔细检查了地面。第二个委员会不时开会，听取调查报告，以及英国、美国双方政府代理人和律师的争论。在描述边界溯源问题时，对使用的术语该如何正确阐释，大家产生了一个又一个的分歧。随着工作的进展，解决问题的前景似乎越来越渺茫。

最严重的分歧是关于1783年《巴黎条约》使用的"高地"一词的含义，因为此处的高地指"新斯科舍西北角"的西端。在距离圣克罗伊河源头向北约40英里处的马尔斯山，调查人员发现有一处地方海拔很高。从马尔斯山再向北延伸103英里，出现了一道山脊，越过这道山脊，就到达注入圣劳伦斯河的那条溪流的源头。美国政府代理人认为这道山脊就是1783年《巴黎条约》中的"高地"，并且南北线与山脊相交的这个位置就是新斯科舍西北角的正确位置。然而，英国政府代理人不同意这个观点，他们给出的理由有两个。其一，这道山脊既不高，也不连续，不足以称为"高地"；其二，紧靠山脊南面的河流并没有注入大西洋，而是经由雷斯蒂古什河和沙勒尔湾，最终注入圣劳伦斯湾。

那么，真正的"高地"究竟在什么地方？英国人认为"高地"是指马尔斯山。的确，马尔斯山位于圣约翰河两条支流分界的地方。马尔斯山虽然并没有将注入圣劳伦斯河的河流与注入大西洋的河流分开，但位于一处高地上，其最西端将佩诺布斯科特河流域与肖迪耶河流域分开了。肖迪耶河是圣劳伦斯河的一条支流。英国政府代理人认为，圣劳伦斯河的东边分支，向南流入圣约翰河谷上游，这实际上符合1783年《巴黎条约》的描述。

英国人声称，"高地"一定是指高的地方，这其实是吹毛求疵。"高地"这个词仅仅是"分开"或者"分水岭"的意思。对1783年《巴黎条约》中"高地"的真正位置，美国人在争论中占有巨大优势。当我们记起1783年《巴黎条约》

中要确定的那条界线一定要和《1763年皇家宣言》中描述的魁北克省南部边界一致，并且这条线位于圣劳伦斯河流域边缘时，这一点就变得更加明显了。然而，可能存在某种原因，证明这条界线应沿着雷斯蒂古什河谷南部边界划定。

另一个存在分歧的地方是关于新罕布什尔州和佛蒙特州以北北纬45°的位置。关于这一点，美国人的观点显然存在问题。1774年，北纬45°这条线就被标了出来。美国政府坚信这项工作的准确度，为此它在劳西斯波因特花高价建立防御工事。劳西斯波因特位于尚普兰湖最北端，也就是当时确定的北纬45°以南的位置。然而，更精确的测量表明，真正的北纬45°在劳西斯波因特大约往南0.75英里远的地方。因此，严格来说，美国是非法入侵者。美国政府代理人实在无法找到更好的方法来避免这一事实带来的不愉快后果，他只能坚持说，如果旧的北纬45°不被认可，那么不应按照"观测"原则来确定新的北纬45°，而应按照地心纬度原则来确定新的北纬45°。这样一来，除了会破坏当时和现在实际使用的大地测量系统，还会使北纬45°向北偏离13英里。1830年，艾伯特·加勒廷曾为美国准备了提交给荷兰王国国王威廉一世的声明。对这种荒谬的建议，艾伯特·加勒廷表示很遗憾。

对康涅狄格河最西北端的具体位置，第二个委员会成员持有不同的观点。委员会的美国专员坚持认为，康涅狄格河最西北端应在霍尔溪，但委员会的英国专员则认为康涅狄格河最西北端应在康涅狄格湖。1822年4月，第二个委员会成员召开最后一次会议。既然无法取得一致意见，委员分别向自己的政府做了报告，然后就休会了。

1814年《根特条约》设立三个边境问题委员会来确定界线时，人们就已预见这种可能。《根特条约》描述了三个委员会的具体工作，并且同时指出，如果未能就联合提出的报告达成一致，那么应将不同的报告提交给"当时为了确定界线而指定的某个主权国家"，由其做最终决定。然而，这项规定被搁置了五年。与此同时，由于边界问题一直没有解决，已成为独立州的缅因州和由新斯科舍省相邻部分组成的新不伦瑞克省之间出现了不少麻烦。美国政府受到刺激，为确定边界线做出新的努力。然而，美国政府和英国政府没有像《根特条约》规定的立即选择一个仲裁者，而是于1827年9月29日缔结了一项新的公约，以各种方式规定了提交仲裁的程序。

1831年1月10日，荷兰王国国王威廉一世被推选出来作为仲裁者，做相关判决。荷兰王国国王威廉一世拒绝支持委员选定的两条界线，而是推荐了位于两条界线间的第三条界线，他认为这条界线更加合适。这是一场虚伪的妥协，没有在1827年缔结的公约中提出的两种竞争观点间做出选择。尽管英国很愿意接受判决结果，但美国参议院以35比8的投票结果，拒绝承认荷兰王国国王威廉一世做出的判决。

虽然难度越来越大，但大家依然继续努力，想要解决该界线问题。美国政府和缅因州签订条约，以便可以获得原本必须交出的土地所有权。虽然美国政府和缅因州正式签订了条约，但该条约未得到正式批准。美国与英国的谈判仍在断断续续地进行，双方都开始了新的勘测，但边界冲突依然存在。1838年到1839年，在有争议的区域范围内，关于树木砍伐和管辖权的纠纷持续发生，最终导致了雷斯托克战争，也就是阿鲁斯图克战争爆发，英国和美国因此互生敌意。缅因州蓄势待发，处于战备状态，美国政府也准备介入。然而，由于温菲尔德·斯科特出面调解，骚乱得以平息。此后，边界得到了暂时的和平。不过，没人能说清楚，这个地方什么时候会再次发生冲突。

1841年3月，在威廉·亨利·哈里森执政，丹尼尔·韦伯斯特担任国务卿时，美国和英国的关系便如前文所述。丹尼尔·韦伯斯特建议立即恢复谈判，直接探讨解决边界问题的计划，而不是像以前那样，非要找出一条英国和美国政府都同意的边界线。英国方面很愉快地接受了这个建议，然后委派阿什伯顿勋爵亚历山大·巴林担任特别大使，全权处理签订条约一事，以解决与美国的所有争端。1842年4月，亚历山大·巴林到达华盛顿。1842年6月，谈判正式开始。

以前几乎没有先例能够证明，面对巨大的困难，最终能够通过谈判解决问题。除了在某些问题上英国与美国存在严重分歧，还有一个特殊的障碍阻拦协议的签订，那就是实际上有四方，而不是两方需要进行协商。除了丹尼尔·韦伯斯特和亚历山大·巴林，利益相关的马萨诸塞州和缅因州也派出专员参与协商。缅因州的立法机构通过一项决议，明确表示不愿意将获得存在争议领土的部分权利等同于交出其余的权利。马萨诸塞州和缅因州的举动，再加上纽约州亚历山大·麦克劳德的案件，一定给丹尼尔·韦伯斯特留下了深刻的印象，让他意识到努力维护州权的支持者不一定都来自南方。此外，如果让1842年的丹尼尔·韦伯斯特重复他于1830

年回复罗伯特·Y.海恩时发表的讲话,那么他肯定会使用一种更加真挚、更加确信的语气表达出来。此种情况下的可贵之处在于丹尼尔·韦伯斯特和亚历山大·巴林相互信任,坦诚相对。对此,约翰·泰勒也不时给予关心和帮助。

1842年8月9日,丹尼尔·韦伯斯特和亚历山大·巴林最终签订了《韦伯斯特-阿什伯顿条约》,成功达成了目标。从圣克罗伊河源头开始,到与圣劳伦斯河的交叉点这条界线,以及从休伦湖和苏必利尔湖之间的一段到伍兹湖西北角的界线,这两条界线已商定并进行了详细的描述。《韦伯斯特-阿什伯顿条约》还专门成立了一个委员会来勘测和标定这两条界线。对美国来说,《韦伯斯特-阿什伯顿条约》确定的边界不如荷兰王国国王威廉一世的裁决线。马萨诸塞州和缅因州的要求得到满足,因为除了得到一份所谓的"争议领土基金",美国政府还向马萨诸塞州和缅因州各支付15万美元。沿圣劳伦斯河和湖泊的那部分边界线,以及沿圣约翰河的那部分边界线组成的水域部分,英美双方可以自由航行。此外,《韦伯斯特-阿什伯顿条约》还通过一项协议,使位于缅因州圣约翰河上游地区的民众获得了木材和农产品的海上销路。从康涅狄格河到圣劳伦斯河的界线被确定在1774年确定的"北纬45°"的位置,而不是真正的北纬45°线。因此,包括劳西斯波因特在内的一小块领地留给了美国。《韦伯斯特-阿什伯顿条约》中其他两项重要条款,关于奴隶贸易和引渡罪犯的条款,将在其他地方进行探讨。

关于《韦伯斯特-阿什伯顿条约》的历史,一个有趣的地方是亚历山大·巴林称其为"地图战争"。关于边界问题的大量证据中，贾里德·斯帕克斯在法兰西人的档案里找到了一份地图副本，并且将它送给丹尼尔·韦伯斯特使用。在档案中，和这份地图同时被发现的，有本杰明·富兰克林给韦尔热纳伯爵夏尔·格拉维耶的笔记。笔记上面用一条红线标明了《1782年和平条约》规定的界线。因此，这份地图被称为"红线"地图。这条红线虽然标在圣劳伦斯河和康涅狄格河源头之间的北纬45°稍微偏北的地方，但位于圣约翰河流域以南。因此，划给英国的土地范围比英国要求的还要多一些。丹尼尔·韦伯斯特没有让亚历山大·巴林看到这张地图，但他让马萨诸塞州和缅因州的委员看了这张地图，以便他们可以理解重新申请仲裁可能会产生的影响。后来，大英博物馆曾展出一张1782年谈判时使用过的约翰·米切尔地图的副本，上面显示了英格兰王国国王乔治三世标注为"理查德·奥斯瓦尔德描述的界线"。这条界线使美国在圣约翰河流域占有的领域比1842年《韦伯斯特-阿什伯顿条约》规定的范围大得多。在签订《韦伯斯特-阿什伯顿条约》的过程中，英国政府肯定已知道这份地图的存在。约翰·米切尔地图的另一份副本也标明了同一条红线。1843年，在约翰·杰伊的文件中，这份地图的副本被发现，因为1782年约翰·杰伊曾是美国谈判团委员之一。《韦伯斯特-阿什伯顿条约》获得批准后，在关于该条约的研讨过程中，"红线"地图和理查德·奥斯瓦尔德的地图曾多次出现。然而，"红线"地图除了被用于确保美国方面批准条约，在谈判中并没有起到什么作用。

第6章

得克萨斯共和国与美国的关系

（1819年至1841年）

精彩看点

约翰·昆西·亚当斯的一系列行动——美国对得克萨斯人民的援助——兼并得克萨斯——安德鲁·杰克逊的谨慎态度——国会的努力——得克萨斯共和国的政策

得克萨斯地区的英裔美国殖民者大部分来自蓄奴州，也有不少来自自由州，尤其是纽约州，其中，包括一大批推动得克萨斯革命的人，以及得克萨斯共和国出色的政治领导者。代表人物有1836年得克萨斯共和国临时总统大卫·G.伯内特，首批来自得克萨斯共和国的两位美国国会议员蒂莫西·皮尔斯伯里和大卫·S.考夫曼，得克萨斯共和国最高法院的首席大法官罗亚尔·T.惠勒，得克萨斯共和国驻英国和法兰西王国大使阿什贝尔·史密斯，以及后来得克萨斯加入美国之后，担任得克萨斯州州长的伊莱沙·M.皮斯等。然而，大部分的美国殖民者还是来自南方。因此，传统与经济倾向相结合，使南方殖民者推行奴隶制。起初，与17世纪殖民地编年史作家认为弗吉尼亚州是美国奴隶制的发祥之地相比，这一观点看起来并不重要。然而，随着反对奴隶制进程的发展，美国南北阵营的分化，以及事实上的兼并行为，这一观点开始起到更更重要的作用。

随着英裔美国人在得克萨斯地区的发展，及其与墨西哥政府的矛盾不断加深，华盛顿政府和美国人不得不开始关注美国与得克萨斯地区的关系问题。在殖民化发展的早期阶段，向西南扩张无疑得到了美国人民的全力支持。1819年，约翰·昆西·亚当斯强烈反对美国放弃对得克萨斯地区的所有权。不过，除了约翰·昆西·亚当斯，没有人持类似观点。与其他总统相比，约翰·昆西·亚当斯更具向西扩张的精神，并且不受纬度因素的限制。约翰·昆西·亚当斯曾吹嘘，自己是第一个坚持要将美国版图向西一直延伸到太平洋沿岸的人，他为创建这一政策而自豪。随后几年，形势发生

约翰·昆西·亚当斯

了变化，但约翰·昆西·亚当斯依然不顾反对，兼并了得克萨斯，占领了加利福尼亚。

约翰·昆西·亚当斯一当上总统，就立即开始一系列积极的行动来恢复1819年被迫放弃的土地。美国驻墨西哥大使乔尔·罗伯茨·波因塞特接到命令后，开始进行谈判。乔尔·罗伯茨·波因塞特要求墨西哥割让得克萨斯地区给美国。如果美国不能得到得克萨斯全部领土，那么得到部分领土也是可以接受的。谈判最终以失败告终，但约翰·昆西·亚当斯用这件事传达了这样的信息：墨西哥政府的政策最终会使它失去得克萨斯地区。安德鲁·杰克逊执政期间，1829年和1835年美国曾两次试图得到得克萨斯地区，最终都失败了。

在此期间，得克萨斯人与墨西哥政府发生冲突，最终导致1835年到1836年得克萨斯革命的爆发。在得克萨斯革命中，由于美国政府和大部分美国人对得克萨斯人表现出很明显的同情，并且给参加革命的人提供了诸多帮助，墨西哥人意见颇多。1836年4月4日，墨西哥驻华盛顿大使曼努埃尔·爱德华多·德·戈罗斯蒂萨给美国国务卿约翰·福赛思写信，提供了一些发生在密西西比州、田纳西州和肯塔基州违反中立现象的相关信息，但他指出美国政府正在努力阻止这些违反中立现象的行为，效果令人满意。1836年4月下旬，驻扎在萨宾河的美国军队指挥官埃德蒙·P.盖恩斯将军接到命令，并且得到授权，为了防止或者对付印第安军队对得克萨斯人民的攻击，必要情况下可以向纳科多奇斯进军。对此做法，曼努埃尔·爱德华多·德·戈罗斯蒂萨提出抗议。1836年7月，在墨西哥军队被革命党人从得克萨斯共和国驱逐后，纳科多奇斯被埃德蒙·P. 盖恩斯将军占领。曼努埃尔·爱德华多·德·戈罗斯蒂萨重申了自己的抗议。由于没能从美国政府得到满意答案，1836年10月15日，曼努埃尔·爱德华多·德·戈罗斯蒂萨要求取回自己的护照。离开华盛顿前，曼努埃尔·爱德华多·德·戈罗斯蒂萨给外交使节团的成员送了一本反映政府在处理得克萨斯共和国问题上的态度的小册子。这一行为使事态变得更复杂。

曼努埃尔·爱德华多·德·戈罗斯蒂萨

考虑到相关边界形势的报告，1836年4月25日，美国政府向埃德蒙·P.盖恩斯将军下达了第一道命令，授权他在必要的情况下可以进军纳科多奇斯。然而，严格按照规定的话，进军纳科多奇斯的做法不符合国际法则。不过，出于人道主义，在紧急情况下这样做似乎合情合理。1836年5月12日，美国政府又下达了另一道命令，提醒埃德蒙·P.盖恩斯将军在得到情报后酌情做出决定时需要特别谨慎。虽然埃德蒙·P.盖恩斯将军后来派出一个特遣小分队前往纳科多奇斯，并且占领了它一段时间，但这是因为印第安人中爆发了一场战争。据可靠消息，萨宾河东边的卡多人也加入了战争。墨西哥驻华盛顿大使曼努埃尔·爱德华多·德·戈罗斯蒂萨声称，这次占领行为是美国抢夺墨西哥部分领土计划的一部分。同时，曼努埃尔·爱德华多·德·戈罗斯蒂萨列出证据，让他的指控显得更可信，但他无法证实证据的真实性。如果不是因为美国和墨西哥关系紧张，那么这一事件也许不会引起太多的纷争。大概两年后，墨西哥军队发动的一场类似入侵美国的进攻，同样引起诸多纷争。至于在得克萨斯革命中向得克萨斯人提供援助一事，华盛顿政府虽然非常谨慎，严格保持中立，但在大多数情况下，当地的官员和社会团体对此并不在意。

得克萨斯革命还在继续，又有一场运动开始酝酿。这场运动希望得克萨斯共和国获得承认，并且希望它被美国兼并。一旦墨西哥人被驱逐出去，这场运动就会立刻加快步伐，得克萨斯会行动起来，建立起永久政府。1836年9月，兼并得克萨斯共和国问题和得克萨斯共和国宪法一起被提交给得克萨斯人民代表进行表决。结果显示，绝大多数人支持兼并。几年前，美国的情势非常有利于兼并得克萨斯共和国。然而，当兼并得克萨斯共和国计划被提出的这一时刻真正到来时，奴隶制问题成为美国政治最基本的问题，进入公众视野。在北方，请愿权的争夺激起了民众对奴隶制的敌意，抑制着他们的扩张本能。现在有许多人，他们与约翰·昆西·亚当斯的观点一致，如果兼并扩大的是蓄奴州的范围，那么他们就会彻底放弃进一步扩张领土的想法。很快，这种想法与那些坚决反对向得克萨斯和南方扩张的想法不谋而合。

对美国政治中这种新出现的无法估计的力量，领导人普遍感到很不安。只有像约翰·昆西·亚当斯及约翰·C.卡尔霍恩这样有坚定信仰、绝不妥协低头的人，在关于得克萨斯的问题上，才敢畅所欲言。连平时冲动鲁莽、做事果敢的安德鲁·杰克逊似乎也认识到一开始就仓促解决这一问题是多么危险。安德鲁·杰克逊做事从来不会犹豫不决、小心谨慎，除了面对与得克萨斯共和国相关的问题。在得克萨斯问题上，安德鲁·杰克逊过分谨慎、拖延，几乎只能迎合甚至是听从国会的意见。1836年7月初，参议院和众议院通过了一项决议：参议院一致通过该决议，众议院以128票比20票的投票结果通过该决议。这项决议的主要内容是，当得克萨斯共和国可以保持完全独立时，它应得到承认。然而，得克萨斯人随后投票赞成兼并，将独立与兼并联系在一起，削弱了争取得到承认的斗争。在制定对得克萨斯共和国的政策时，安德鲁·杰克逊显得格外谨慎。至于推迟承认得克萨斯共和国的独立地位，最开始可能是因为安德鲁·杰克逊担心这样会损害马丁·范·布伦的利益——马丁·范·布伦最有希望成为下一任总统候选人，后来是因为安德鲁·杰克逊习惯性地贯彻那些已通过的政策。另外，安德鲁·杰克逊担心遗留给新政府一个过于积极的计划，会让新一届政府感到为难。1836年夏，亨利·梅森·莫菲特作为安德鲁·杰克逊派出的代理人前往得克萨斯共和国，他将对得克萨斯共和国的现状和前景提交报告。1836年12月22日，安德鲁·杰克逊将报告连同一份电文提交给国会。根据亨利·梅森·莫菲特的意见，电文建议推迟承认得克萨斯共和国。尽管如此，1837年3月1日，参议院还是通过决议，承认得克萨斯共和国，并且拨专款资助得克萨斯共和国的外交机构，派阿尔塞·路易·拉·布朗什作为代办去得克萨斯。

得克萨斯共和国得到承认，这为得克萨斯共和国在安德鲁·杰克逊卸任总统后努力寻求兼并开启了新的篇章。1837年8月4日，按照得克萨斯政府的要求，得克萨斯共和国驻华盛顿大使小梅姆坎·亨特向美国国务卿约翰·福赛思提出建议，希望通过谈判签订条约来实现美国对得克萨斯共和国的兼并。马丁·范·布伦虽然可能被"风声"和"风势"欺骗，但在确定"风向"时，他至少知道美国政治的风暴中心在哪里。1837年8月25日，小梅姆坎·亨特的提议被拒绝。因为该提议过于绝对，难以进一步推进。

既然总统马丁·范·布伦拒绝通过谈判来签订兼并的条约，于是人们开始关注通过国会法案来达到兼并的目的。一开始，得克萨斯人就一直在考虑这一替代方案，并且是他们最先提出这个建议的。1836年11月18日，得克萨斯共和国国务卿斯蒂芬·富勒·奥斯汀下达指令给得克萨斯共和国驻美国大使威廉·哈里斯·沃顿，期望他与总统安德鲁·杰克逊或者国会交涉，推进兼并得克萨斯共和国。1836年年末，已卸任的南卡罗来纳州州长乔治·麦克达菲，向该州的立法机构发送电文，表明自己正在努力寻找方法，通过国会法案实施兼并。电文中提到的参议院联邦关系委员会的报告，关于得克萨斯共和国的部分，也明确表达了同样的期望。然而，1836年12月31日，当小梅姆坎·亨特正要出发前往华盛顿与威廉·哈里斯·沃顿见面时，在得克萨斯共和国国务卿詹姆斯·平克尼·亨德森向小梅姆坎·亨特的指示中，明确地提出了另一种方法。詹姆斯·平克尼·亨德森陈述了以下内容：

> 如果有人怀疑兼并得克萨斯共和国能否得到美国参议院宪法规定的多数票的批准，那么请您提请美国政府注意，如果国会参议院和众议院通过制定法律——估计会获得微弱的多数优势——把得克萨斯共和国归入美国领土，这种做法是否适当、是否可行？鉴于得克萨斯人民选举投票的结果，只要美国国会拥有足够的权力，这项法律就有可能获得通过。不过，在制定这项法律时，应非常谨慎，以确保得克萨斯共和国及其公民的所有权利，按照指示的那样，明确在可能制定的法律中。如果这项法律能够通过，那么应给美国政府最肯定的保证，这项

法律一定能得到得克萨斯政府和人民的批准。因为这一立场与众不同，所以我们在谈论这个问题时应特别谨慎。

在得克萨斯共和国，利用国会制定法案的替代方案从未被忽视。1837年8月10日，小梅姆坎·亨特写信给得克萨斯共和国国务卿罗伯特·安德森·伊里翁，表达了自己对美国政府推迟兼并得克萨斯共和国的处理方式的担心。当然，这里说的美国政府是指行政部门。小梅姆坎·亨特建议授权自己在必要时将兼并这一问题提交国会。这将要求罗伯特·安德森·伊里翁向某位美国国会成员提出兼并的提议，并且说明条件，请求其将提议提交国会。国会成员的名单由小梅姆坎·亨特提供。小梅姆坎·亨特相信，如果不顾得克萨斯总统山姆·休斯顿的反对继续进行下去，那么在所有的计划中，自己提出的计划最具可行性。1837年9月18日，小梅姆坎·亨特再次写信给罗伯特·安德森·伊里翁，表达了自己的希望和决心。信中恳请山姆·休斯顿给国务卿罗伯特·安德森·伊里翁下命令，要求大使询问得克萨斯共和国寻求加入美国的条件。该条件如果能够得到美国国会参议院和众议院其中一方的认可，那么包含这一条件的提议很有可能在美国参议院和众议院获得通过。小梅姆坎·亨特认为，山姆·休斯顿会愿意签署同意意见。

1837年12月，第二十五届国会常会期间，美国国会参议院和众议院都为兼并得克萨斯做出了努力。1838年1月4日，南卡罗来纳州的威廉·坎贝尔·普雷斯顿向参议院提出一项提案，为兼并得克萨斯共和国做准备。对此，威廉·坎贝尔·普雷斯顿解释说，这项提案不是要作为美国的最终条令，而是为行政部门接下来的行动提供一些司法授权。真正实施兼并时，兼并得克萨斯共和国应是墨西哥、得克萨斯共和国和美国共同参与的一项三方协议。1838年6月14日，威廉·坎贝尔·普雷斯顿提案的投票结果为24票比14票，该提案被搁置，留待日后处理。与参议院相比，众议院建议的行动激进得多。在威廉·坎贝尔·普雷斯顿提出的法案被参议院搁置的这一天，南卡罗来纳州的小沃迪·汤普森在众议院提出一项联合决议，"要求总统马丁·范·布伦采取必要的措施，一旦能够按照美国政府的条约规定，就兼并得克萨斯共和国"。从1838年6月17日到1838年7月7日，在休会的两天中，约翰·昆西·亚当斯占用整个上午的时间来演讲，导致这项联合决议的投票表决一直无法进行。

在此期间，南方几个州的立法机构通过了有利于兼并得克萨斯共和国的决议，但北方几个州的立法机构则表示反对，尤其是马萨诸塞州，它特别强调拒绝承认这些决议。在国会众议院，约翰·昆西·亚当斯提出了一项议案，并且他花了大量时间进行演讲。当然，这项议案也表达了同马萨诸塞州立法机构一样的看法。

现在，得克萨斯共和国采取了不同的政策。按照得克萨斯共和国总统山姆·休斯顿的要求，1838年10月12日，得克萨斯共和国正式撤销兼并的提议，然后投入新的精力以确保得克萨斯共和国得到欧洲的承认。1839年，得克萨斯共和国与法兰西王国签订协议；1840年，它与荷兰王国和比利时王国签订条约；1840年11月13日，它与英国签订条约。1842年7月28日，英国和得克萨斯共和国双方交换了批准书。对得克萨斯共和国建立新的外交关系，尤其是与英国建立外交关系，美国政府感到很不安。很快，美国重新提出方案，计划兼并得克萨斯。

得克萨斯共和国总统米拉博·B.拉马尔的任期是从1838年12月到1841年12月。在此期间，虽然米拉博·B.拉马尔公开表示反对兼并，但得克萨斯人民仍然愿意被美国兼并。而在美国，兼并的问题亟待解决。随着南北阵营的分化，赞成奴隶制的力量更加迫切地想要得到得克萨斯共和国，而反对奴隶制的力量则拒绝接纳得克萨斯共和国并入美国。然而，在当时，这两种力量都强大到足以控制自己的阵营。于是，当问题真正到来时，扩张的本性最终使天平偏向了兼并得克萨斯共和国。

# 第 7 章

得克萨斯边界问题
（1748年至1841年）

精彩看点

西班牙人建立的据点——尼古拉·德·拉福拉绘制的地图——得克萨斯西部边界问题——《第三次圣伊尔德丰索条约》——何塞·华金·德·阿雷东多绘制的地图——《中立地条约》——安东尼奥·洛佩斯·德·桑塔·安纳与得克萨斯人签订的协议——米拉博·B.拉马尔远征圣菲

最早被西班牙人叫作得克萨斯的这片区域以前是特哈斯的印第安人的领地。1690年,在格兰德河下游东部,西班牙人设立了传教所。传教所位于纳科多奇斯西南部,以及内奇斯河和特里尼蒂河之间。自传教所建立以来,特哈斯,也就是得克萨斯开始在新西班牙①的历史上扮演越来越重要的角色。1693年,得克萨斯地区曾被遗弃。然而,从1716年到1717年,西班牙人在得克萨斯地区先后建立六个传教所和一处要塞。后来,在得克萨斯西部、离格兰德河东部较远的地方,西班牙人又建立了另外两个定居点。一个是贝尔,也就是现在的圣安东尼奥;另一个是拉巴伊亚,或者叫作海湾,也就是1685年在墨西哥湾海岸,勒内-罗伯特·卡弗利耶建立圣路易斯堡殖民地的地方。后来,拉巴伊亚的传教所和要塞转移到较远的内陆。墨西哥独立后,又在拉巴伊亚附近建

---

① 新西班牙,旧地区名。1521年设立。其范围包括今美国西南部和佛罗里达州、墨西哥、巴拿马以北的中美洲、西印度群岛的西属殖民地,委内瑞拉和菲律宾群岛一度也属于这个辖区。行政中心在墨西哥城。——译者注

立了一个新的据点，取名戈利亚德。因此，在英裔美国人开始在得克萨斯地区建立殖民地时，这里仅有三处定居点比较重要，它们都由西班牙人建立。这三处定居点分别是原来得克萨斯境内的纳科多奇斯，以及最早被法兰西人占领的区域内的贝尔和戈利亚德。

在此期间，得克萨斯的区域一直扩展到西班牙人占领的格兰德河下游以北的整个地区。这里也就成为新西班牙或者说是墨西哥的一个州。1767年，工程师尼古拉·德·拉福拉曾陪同西班牙政府官方巡视员卡耶塔诺·皮尼亚泰利到过得克萨斯地区。尼古拉·德·拉福拉曾绘制过一张地图，地图上显示，此时的得克萨斯地区，包括西班牙的定居点在内，是一块又长又窄、呈L形的区域。L形区域中较长的这一部分与墨西哥湾海岸平行，中间隔着卡朗卡瓦印第安人的领地；一端包括西班牙的东部定居群，另一端包括贝尔的定居

卡朗卡瓦印第安人

群。L形区域中较短的这一部分从贝尔向东南一直延伸到墨西哥湾海岸，所以也包括拉巴伊亚的传教所和要塞。①

曾与得克萨斯地区有共同边界的墨西哥各区域包括新墨西哥、奇瓦瓦、科阿韦拉，以及新桑坦德（又叫塔毛利帕斯）。其中，新墨西哥、奇瓦瓦和科阿韦拉要比得克萨斯地区的历史悠久，而新桑坦德是后来建立的。墨西哥北部各区域的建立按照从西到东的顺序进行。最早出现的是位于太平洋沿岸和加利福尼亚湾的新加利西亚。不久，新加利西亚分为锡那罗亚和索诺拉。然后，出现的是新比斯开和新墨西哥。新比斯开位于谢拉马德雷东部，包括墨西哥高原西部。新比斯开从东南向西北延伸，和新加利西亚平行。1824年，新比斯开南部成为杜兰戈，北部成为奇瓦瓦。按照规划，新墨西哥向北一直延伸到格兰德河上游，并且包括格兰德河的两岸。新比斯开东部形成了新埃斯特雷马杜拉，或者叫作科阿韦拉。科阿韦拉东部是新莱昂，但新莱昂出现的时间要早于科阿韦拉。再之后出现的就是位于新西班牙东北部边界的得克萨斯。最后出现的是新桑坦德，即塔毛利帕斯，它位于新莱昂东部，靠近墨西哥湾。

19世纪以前，一直没有发现关于得克萨斯地区的边界界定问题的官方记录。实际上，似乎也没有什么理由来界定得克萨斯地区的边界。因为得克萨斯地区没有什么丰富的能源，并且它的西部是大片的、未被开发的土地，如果谁有力

---

① 这张地图的原件曾被收藏在墨西哥档案馆，但早已不翼而飞。得克萨斯大学的H.E.博尔顿博士向我提供了齐利亚·纳托尔小姐给他的该地图的照片副本。——原注

量或者认为值得费点力气来扩展其在得克萨斯地区的殖民地，那么殖民地的面积还可以继续扩大。只有在沿海一带和东部边境，即法兰西王国和后来美国占领的雷德河[①]，除了那些荒地和印第安人的领地，想要自由扩张的话还是会受到一些限制。

关于得克萨斯地区西部边界问题，最初的证据和观点相互矛盾。一些了解情况的官员留下的部分记录表明，得克萨斯地区和科阿韦拉以贝尔西部几英里远的梅迪纳为界。这些官员包括1719年到1722年在得克萨斯地区和科阿韦拉担任过地方长官的何塞·德·阿斯洛尔-维托·德·维拉，1744年发表关于得克萨斯地区报告的审计员马克斯·德·拉·阿尔塔米拉，以及新西班牙的宇宙学家何塞·安东尼奥·比利亚塞尼奥尔-桑切斯。1746年，何塞·安东尼奥·比利亚塞尼奥尔-桑切斯曾发表了总体描述西班牙的著作。然而，1767年尼古拉·德·拉福拉的地图应是有力的证据，证明科阿韦拉的西部边界远在梅迪纳西边，但这样标注是为了将格兰德河流域包含在科阿韦拉的范围内。在这张地图上，科阿韦拉和得克萨斯地区没有共同的边界，它们中间隔着一大片空地。这片空地不属于任何州。

新桑坦德临近州的建立似乎决定了靠近墨西哥湾的得克萨斯地区西部的边界线。1748年到1755年，西班牙将军何塞·德·埃斯坎东征服了位于韦拉克鲁斯北部、沿墨西哥湾沿岸的国家，后来才形成了新桑坦德。按照计划，何

[①] 雷德河，又称为南雷德河。——译者注

塞·德·埃斯坎东的任务包括消除印第安人的敌意。因为那个时候印第安人被迫离开家乡，他们的领地已被殖民者占领。何塞·德·埃斯坎东作战的区域被标记在墨西哥档案的一幅地图上，还标出了他认为适合作为殖民地的地点，以及那些已成为殖民地的地点。有一处适合作为殖民地的地点标在圣安东尼奥河西岸，可圣安东尼奥河被认为是得克萨斯地区和新桑坦德的分界线。

何塞·德·埃斯坎东的工作还在按计划继续，但实际上，作为计划的一部分，在格兰德河西岸，来自科阿韦拉的殖民者又建立了两个殖民地。一个是建于1750年的多洛雷斯，位于现在拉雷多10里格之外的地方；另一个就是建于1755年的拉雷多。18世纪的墨西哥政府似乎同意将这两个殖民地的管辖权交给新桑坦德。

迄今为止，没有发现什么证据能说明得克萨斯地区和新桑坦德共同的边界为什么从圣安东尼奥河向后撤退到努埃塞斯河，并且地图上显示圣安东尼奥河才是何塞·德·埃斯坎东征战的地方。在尼古拉·德·拉福拉绘制的地图上，得克萨斯地区和新桑坦德的界线位于圣安东尼奥河和努埃塞斯河之间，但18世纪下半叶的官方文件认为努埃塞斯河才是真正的界线。

1800年，《第三次圣伊尔德丰索条约》规定，西班牙王国将路易斯安那转让给法兰西共和国。执政官拿破仑·波拿巴打算将得克萨斯作为收购的一部分，并且将位于格兰德河的西南边界线从河口处修改至北纬30°处。路易斯安那被转卖给美国后，边界问题也就留给了美国和西班牙王国来解决。然而，1804年5月30日，西班牙王国国王卡洛斯四世下令将墨西哥北部各省——当时称为"内部省"，分为东西两部分，并且把东西两部分的界线，即格兰德河作为得克萨斯地区西南部的边界线，这种做法实在有趣。按照卡洛斯四世命令上列举的内容，属于东部的包括得克萨斯地区、科阿韦拉、马皮米洼地，以及位于格兰德河和皮隆——位于格兰德河以南——之间的新桑坦德和新莱昂部分地区。显然，新桑坦德位于皮隆和帕努科之间的部分地区要从得克萨斯地区排除出去。如果把位于努埃塞斯河和格兰德河之间的范围纳入新桑坦德，那么新桑坦德东部的领土应位于努埃塞斯河和皮隆之间。卡洛斯四世的这个命令同样规定，可以通过军事殖民的方式，在格兰德河附近建立得克萨斯殖民地。因此，这个命令的条款暗示了格兰德河将会被作为得克萨斯地区的边界。1800年，《第三次圣伊尔德丰索条约》规定，将路易斯安那移交给法兰西共和国，这一事实也许会对西班牙理解路易斯安那的边界问题有一些影响。

然而，卡洛斯四世发布的命令并没有得到执行。于是，1811年5月1日，西班牙国王约瑟夫·波拿巴又发布了另外一项类似的法令，任命何塞·华金·德·阿雷东多为东部的总指挥。为了不混淆边界，何塞·华金·德·阿雷东多得到总督弗朗西斯科·哈维尔·贝内加斯的批准，绘制了一张地图，标示了属于东部四个省的边界。1816年1月11日，东部几个省的地方长官，以及何塞·华金·德·阿雷东多在东部这几个省的助理巡视员，都收到了这张地图的副本。这张地图显示，得克萨斯地区与新桑坦德之间隔着努埃塞斯河，与科阿韦拉之间隔着梅迪纳；得克萨斯西南部边界和西部边界是一条"Z"字形界线，从努埃塞斯河河口开始，止于雷德河上、西经100°稍微偏东一点的位置。1821年，墨西哥发生叛乱时，想要理解此时西班牙政府的行为，一定要考虑这份地图上标明的界线问题。

1803年，美国收购路易斯安那后，需要将美国和西班牙王国在西南方向的领土界线确定下来。1806年，这一边界问题几乎要引起一场战争。因为有了所谓的《中立地条约》才使这一争端暂时平息下来。《中立地条约》由詹姆斯·威尔金森将军和何塞·华金·德·埃雷拉签订，在一定程度上也得到了美国和西班牙政府的尊重。条约的大致内容是，美国军队不可以越过雷德河支流阿罗约翁多以西，西班牙军队也不可以越过萨宾河以东。介于中间的地区应当被视作中立地带。然而，1819年美国收购佛罗里达时，作为交易的一部分，经过国务卿约翰·昆西·亚当斯的激烈抗争，美国与西班牙的西南边界被确定下来。萨宾河以西得克萨斯地区的所有土地都归属西班牙。

1816年何塞·华金·德·阿雷东多公布的地图显示，之后的几年，西班牙官方将得克萨斯地区作为单独的一个省进行划界，但得克萨斯地区对这个结果并不满意。1836年5月14日，当安东尼奥·洛佩斯·德·桑塔·安纳被得克萨斯人俘获时，他与得克萨斯人达成两份协议。其中，有一份属于机密文件，它规定，得克萨斯共和国的边界问题将会确定下来，但不会越过格兰德河，这为后续条约的签订奠定了基础。墨西哥政府拒绝承认这份协议具有法律约束力，因为它是被逼迫签订的。美国历史学家同意墨西哥的观点，他们对安东尼奥·洛佩斯·德·桑塔·安纳签订的那份协议，要么无视它，要么认为它无足轻重。也有不少人承认这份协议，认为它是有效的。因此，1836年的这份协议签订后，得克萨斯共和国想要占领格兰德河。1836年12月19日，得克萨斯共和国国会通过一项法令，确定了得克萨斯共和国的边界问题，具体内容表述如下：

> 始于萨宾河河口处，沿距离陆地3里格的墨西哥湾向西，到达格兰德河河口；然后，沿着格兰德河干流一直到源头；之后，朝正北方到达北纬42°处；最后，沿着美国和西班牙协议规定的界线一直到最开始的萨宾河河口处。

然而，并没有什么实际的司法机制来支持这项法令。墨西哥人依旧占据格兰德河西岸，但在格兰德河下游他们的控制范围没有扩大。当时，位于格兰德河和努埃塞斯河之间的地区，除了边缘地带，几乎没人占领。得克萨斯人实际上占有了努埃塞斯河流域。1841年，在没有得到国会批准的情况下，总统米拉博·B.拉马尔试图通过远征圣菲的方式，将得克萨斯共和国的管辖权扩大至新墨西哥的格兰德河地区。1841年6月，一支270人的军队在奥斯汀附近集结，开始远征。远征军需要横跨600英里宽的沙漠，并且沙漠中到处是充满敌意的印第安人。远征军随身携带米拉博·B.拉马尔给墨西哥政府的公告副本。公告内容显示，如果墨西哥人想要加入得克萨斯共和国，那么米拉博·B.拉马尔愿意提供优厚的待遇；如果他们不想改变，要继续忠于自己的国家，那么也不会受到攻击。然而，米拉博·B.拉马尔希望，这次远征最后可以使得克萨斯共和国与墨西哥建立紧密的商业联系。忍受艰难困苦后，远征军到达圣菲附近，不料成员被俘。其中，有两人被处以死刑，其余都被关进墨西哥监狱，一直被监禁到1842年。其中，有一些人不是得克萨斯人，在表达了对自己政府的忠诚，经政府调解后，他们被释放了。1842年6月13日，安东尼奥·洛佩斯·德·桑塔·安纳下令释放几乎所有的远征军成员。只有一个人被囚禁至1845年初才逃出来，而恰恰就是他，后来成为安东尼奥·洛佩斯·德·桑塔·安纳的对手。对解决边界问题，这次远征没有做出任何贡献。

第 8 章

兼并得克萨斯共和国的外交谈判
（1841年至1844年）

精彩看点

美国政府态度的转变——"马里兰州公民"的私人信——史蒂芬·皮尔·安德鲁的性格特征——英国在得克萨斯共和国的影响力增强——美国与得克萨斯共和国的谈判——签订兼并条约

得克萨斯政府尽管一开始想寻求兼并遭到了美国拒绝，但还是首先表示希望重新处理兼并问题。1841年12月，山姆·休斯顿第二次当选得克萨斯共和国总统。随后，山姆·休斯顿立即派詹姆斯·赖利担任代办前往华盛顿。按照指令，詹姆斯·赖利需要查明美国政府是否真的不愿就兼并得克萨斯共和国继续进行谈判。在山姆·休斯顿执政期间，国务卿安森·琼斯曾表示，几乎没有什么希望能够得到他们想要的答案。因此，当得克萨斯政府得知詹姆斯·赖利的努力没有取得什么结果时，并没有感到特别失望。1842年3月25日，詹姆斯·赖利从华盛顿写信给安森·琼斯。信中，他说道："我宁愿去死，也不愿意再待在这里……您可以从我的公函中看到，想要通过谈判来为得克萨斯做点什么，简直是天方夜谭。"不久，詹姆斯·赖利要求安排其他人接替他的职务，并得到了批准。艾萨克·范·赞特接替了詹姆斯·赖利的职务。按照指令，艾萨克·范·赞特必须尽自己所能，让得克萨斯政府时刻了解美国国会和民众对兼并得克萨斯的态度。

对兼并得克萨斯共和国，美国政府的态度从漠不关心突然转变为明显的焦虑。1843年夏，为通过谈判获得和平，在英国和法兰西王国驻墨西哥大使的努力下，墨西哥和得克萨斯共和国签订休战协定。随即，艾萨克·范·赞特接到命令。他起草了一份非正式声明递交给华盛顿政府，内容是"兼并得克萨斯共和国没有什么讨论的余地"。得克萨斯共和国终于弄清楚了要实行的政策的基调，那就是要努力去赢得那些曾经因谦卑和恭顺的请愿而失去的土地。在弄清楚得克萨斯共和国和英国、法兰西王国的关系，以及英国和法兰西王国在得克萨斯事件中有可能产生的影响后，美国政府突然警觉起来，它认为如果拒绝考虑兼并得克萨斯共和国，那么有可能招致危险。安森·琼斯说道："这唤醒了美国政府深藏的嫉妒与恐惧，七年来对这件事情的冷漠与忽视一扫而光，并且提议签订兼并的条约。"

有人提议利用英国在得克萨斯共和国的影响力来达到废除奴隶制的目的，对于这些事件的报道开始不断地传到美国政府那里，这大大增加了华盛顿政府刚刚被唤醒的紧张与不安。这些报道中有一篇文章来自一封署名"马里兰州公民"的私人信。据说，作者是约翰·C.卡尔霍恩的朋友，叫达夫·格林。托马斯·哈特·本顿断定，这封信是有公众目的的，并且受到政府财政部门应急基金的资助。无论真假，这一说法都有点耸人听闻。信的大意是说，得克萨斯共和国休斯顿的史蒂芬·皮尔·安德鲁正在寻求英国政府的支持，从而在得克萨斯共和国范围内,在保护奴隶主的前提下废除奴隶制。据这位"马里兰州公民"说,得克萨斯驻伦敦大使阿什贝尔·史密斯得到授权,如果得克萨斯政府愿意废除奴隶制,那么英国政府同意为废除奴隶制进行贷款担保,利息可以用得克萨斯共和国的土地进行偿还。

美国国务卿埃布尔·P.厄普舍很喜欢"马里兰州公民"这个故事,他认为这个故事在利用英国废除美国的奴隶制这一点上有远见、有深度。因为这样英国可以避开与美国竞争,拯救它在东印度和西印度的蔗糖和棉花产业,从而在得克萨斯议会中占据主要优势,还可以获得对得克萨斯共和国的商业垄断。当然,大家都认为埃布尔·P.厄普舍的态度代

埃布尔·P.厄普舍

表了约翰·泰勒的想法。埃布尔·P.厄普舍预见到还存在一个更真实的危险,那便是如果没有奴隶制,那么处于联邦的统治范围之外,又紧邻蓄奴州路易斯安那的得克萨斯很有可能与周边地区发生一些摩擦。1843年8月8日,埃布尔·P.厄普舍写信给美国驻得克萨斯共和国大使威廉·S.墨菲,在信中,他阐述了事态进展,表达了自己的担心,并且要求得到进一步汇报。从英国返回以后,史蒂芬·皮尔·安德鲁与几位公民谈话。基于这几位公民的陈述,威廉·S.墨菲的回信进一步证实了埃布尔·P.厄普舍听到的"马里兰州公民"的故事。

史蒂芬·皮尔·安德鲁的性格似乎很奇怪,也很有趣。史蒂芬·皮尔·安德鲁出生于马萨诸塞州。1839年,他从新奥尔良去得克萨斯。在休斯顿定居后,史蒂芬·皮尔·安德鲁开始从事律师行业,并且赚了一大笔钱。史蒂芬·皮尔·安德鲁是一个彻底的废奴主义者,他对任何事情都充满了能力与勇气。然而,相对于他的热情来说,其能力可能有限。另外,从英国外交官礼貌的陈述中可以推断出,史蒂芬·皮尔·安德鲁的行为可能超出了职权范围。显然,在"马里兰州公民"将事件转述给埃布尔·P.厄普舍的过程中,史蒂芬·皮尔·安德鲁扮演了重要角色。当史蒂芬·皮尔·安德鲁从伦敦返回,休斯顿人在得知他的任务后,便使用武力将他驱逐出去,并且不允许他再返回。

除了英国带给得克萨斯共和国的影响,位于华盛顿的美国国务院一定是又得到了其他的消息,这无疑又增加了美国政府的恐惧。1842年8月2日,针对这个问题,达夫·格林曾经给约翰·C.卡尔霍恩写过信。埃布尔·P.厄普舍可能不知道这封信，因为这封信不是他给威廉·S.墨菲写信时引用的那一封。不过，这封信包含一份声明，即英国对得克萨斯共和国奴隶制的态度必定引起约翰·C.卡尔霍恩的关注，并且这份声明在约翰·泰勒政府成员内部得到广泛流传。1843年1月25日，得克萨斯共和国驻英国和法兰西王国大使阿什贝尔·史密斯写信给得克萨斯共和国驻华盛顿代办艾萨克·范·赞特。信中说道，1842年7月，一个与英国政府有关系的人曾询问他，如果英国给得克萨斯共和国提供相等的优惠条件，那么得克萨斯共和国是否愿意废除奴隶制；是否

阿什贝尔·史密斯

有可能以科罗拉多为界,将得克萨斯共和国分为两个州,东部为蓄奴州,而西部为自由州。提出这些建议的人说,自己这么做是英国外交事务大臣乔治·汉密尔顿·戈登授意的。乔治·汉密尔顿·戈登还说,移民进入自由州将会使得克萨斯共和国彻底放弃奴隶制。毫无疑问,阿什贝尔·史密斯信中所说的内容被传达给了埃布尔·P.厄普舍,而埃布尔·P.厄普舍一定知道得克萨斯共和国驻华盛顿大使给约翰·C.卡尔霍恩的密函的相关内容。密函中附有1843年7月31日阿什贝尔·史密斯所写书信的摘要,内容与英国和得克萨斯共和国就奴隶制一事进行谈判相关。综合所有情况,似乎可以确定,1843年夏,美国国务院掌握的信息足以让它得出结论,在得克萨斯共和国,英国的影响产生了强烈的作用,并且英国的目的之一就是要在得克萨斯共和国废除奴隶制。

因此,为阻止这件事发生,约翰·泰勒和埃布尔·P.厄普舍决定与得克萨斯共和国签订兼并条约。就记录内容来看,谈判始于1843年10月16日,埃布尔·P.厄普舍写信给艾萨克·范·赞特,提议重新开启兼并这一议题。这一事件标志着兼并得克萨斯共和国正式重新开始讨论。1843年10月19日,艾萨克·范·赞特回信说,他已将信送往得克萨斯共和国进行请示。然而,总统山姆·休斯顿对此表现得比较冷淡,并且十分谨慎,因此,想要达成一致似乎难度非常大。有人提议说,现在想要批准条约,时机不是特别成熟;一旦失败,英国也会疏远得克萨斯共和国,这将会使它陷入一种非常尴尬的境地。不过,得克萨斯人得到保证,如果是得克萨斯参议院投票,那么它一定会让条约获得通过。继而,山姆·休斯顿要求，万一在谈判过程中墨西哥军队入侵得克萨斯共和国，驻扎在得克萨斯共和国边境的美国军队必须保护得克萨斯共和国。另外，如果签订条约失败，那么美国应保障得克萨斯共和国的独立地位。美国方面负责人威廉·S.墨菲同意山姆·休斯顿提的第一个要求，即万一谈判过程中得克萨斯共和国遭到墨西哥军队的入侵，驻扎在得克萨斯共和国边境的美国军队会保护得克萨斯共和国。因此，詹姆斯·平克尼·亨德森接到命令，前去与艾萨克·范·赞特合作。美国与得克萨斯共和国很快就签订了条约。

1844年1月17日，在给埃布尔·P.厄普舍的信中，艾萨克·范·赞特最早提出，兼并得克萨斯共和国未完成前，得克萨斯共和国应受到美国军队的保护。信中问道，在得克萨斯共和国的要求及同意下，在条约签订前后，美国的总统是否愿意为了保护得克萨斯共和国，在得克萨斯共和国边境和墨西哥湾驻扎足够多的军队？然而，直到埃布尔·P.厄普舍去世，他也没有回复这封信。1844年2月14日，山姆·休斯顿的要求是，在谈判活动开始后，无论什么时候遭到入侵，得克萨斯共和国都可以使用美国的军队。随后，威廉·S.墨菲立即做出保证，同意了山姆·休斯顿的要求。1844年4月11日，条约签订前一天，约翰·C.卡尔霍恩回复了1844年1月17日艾萨克·范·赞特给埃布尔·P.厄普舍的信，主要内容是：约翰·泰勒已下令，在得克萨斯共和国边境和墨西哥湾驻扎军队，一旦有需要，得克萨斯共和国可以使用美国军队，预防条约签订后墨西哥人的入侵。1844年4月12日，威廉·S.墨菲向得克萨斯政府报告，他以前承诺的在条约签订前使用美国军队的承诺,没有得到政府的同意,因此,他必须撤回之前的承诺。关于涉及的国际法律问题,美国政府的意图表述得很清楚:在条约签订后,而不是在条约签订前,美国政府将会介入以防止墨西哥入侵得克萨斯共和国。

按命令集结在得克萨斯共和国边境的军队包括靠近圣路易斯附近的杰斐逊兵营的16个连,以及驻扎在萨宾河附近、路易斯安那州杰瑟普堡的7个连。这样一来,得克萨斯共和国边境的兵力增加到1 150人。此外,还有当时位于诺佛克的3艘美国军舰,它们奉命与属于同一中队的3艘船在海军准将戴维·康纳的指挥下在墨西哥湾巡逻。戴维·康纳接到命

戴维·康纳

令，要与加尔维斯顿港经常保持联系，然后要不定时出现在韦拉克鲁斯，以形成威慑。

条约的谈判过程中，美国政府与英国政府也保持信函往来，以便时刻掌握英国对得克萨斯共和国所持态度。1843年9月28日，埃布尔·P.厄普舍写信给美国驻英国大使爱德华·埃弗里特，他抱怨道，1843年8月18日，在英国上议院，乔治·汉密尔顿·戈登发表了一些关于得克萨斯共和国的言论。乔治·汉密尔顿·戈登说，不仅要在得克萨斯共和国范围内废除奴隶制，还要在整个美国范围内废除奴隶制，这是英国政策的一个特点。回信中，乔治·汉密尔顿·戈登承认了英国政府希望废除奴隶制，并且承认英国的政策建议废除奴隶制，是因为内阁认为这是可以接受的。然而，乔治·汉密尔顿·戈登否认英国政府已经或者打算把这个问题作为与得克萨斯共和国签订条约的内容。此外，乔治·汉密尔顿·戈登还否认曾鼓动史蒂芬·皮尔·安德鲁做任何事。然而，这并不能平息美国国内的骚动。因为当时为了得克萨斯共和国的利益，美国正在做一系列的探索，效果非常不错。1843年12月26日，乔治·汉密尔顿·戈登写信给英国驻华盛顿大使理查德·帕克南，重新确定了英国政府对得克萨斯共和国的奴隶制所持的态度。乔治·汉密尔顿·戈登直率地表示，全世界都必须知道，英国特别希望，并且"不断地努力争取在全世界范围内普遍废除奴隶制"。然而，乔治·汉密尔顿·戈登否认曾试图或使用过任何"神秘的设计"来影响得克萨斯共和国或者墨西哥。

因为某些原因，直到1844年2月26日，理查德·帕克南才将这封信传递出去。两天后,在"普林斯顿"号军舰甲板上,埃布尔·P.厄普舍意外丧生。没过多久,约翰·C.卡尔霍恩接替了埃布尔·P.厄普舍的职务,担任美国国务卿。1844年4月18日,作为对乔治·汉密尔顿·戈登意见的回复,约翰·C.卡尔霍恩写信给理查德·帕克南,他对英国公开声明对"世界范围内"奴隶制的态度,尤其是希望看到奴隶制在得克萨斯共和国被废除的想法,表示关切。他努力寻找一种方式来证明,在得克萨斯共和国废除奴隶制,将会对

约翰·C.卡尔霍恩

美国的利益造成多么严重的损失。约翰·C.卡尔霍恩还通过自由州和蓄奴州身心有缺陷的黑奴的相对人数统计数字，来证明废除奴隶制是"既不人道也不明智"的做法。这次信函的交流过程中，约翰·C.卡尔霍恩还公布了这样一个结论：美国和得克萨斯共和国签订兼并条约，目的是避免他以前说的对美国利益的威胁。理查德·帕克南很快做出回复，否认了英国政府对兼并政策的责任，并且声称，英国政府从未提出任何挑衅问题，以证明兼并政策合理。几天后，约翰·C.卡尔霍恩再次回信，结束了这一次的信函往来。约翰·C.卡尔霍恩重申了以前表达的内容，并且表明，对兼并一事，美国不会承担那些不公平的、强加于人的责任。

兼并条约的条款并没有得克萨斯共和国预期的那么好。条约规定，得克萨斯共和国并入美国，与其他地区一样服从同样的宪法条款规定。当然，要在得克萨斯范围内或者部分区域内禁止奴隶制，或者在得克萨斯共和国范围内颁布反对奴隶制的宪法，还需要国会的努力。在条约的其他条款中，最重要的一条是，得克萨斯共和国必须放弃公共用地，而美国则需要承担得克萨斯共和国共计不超过1000万美元的债务。

1844年4月12日，兼并条约签订。10天后，条约被送至美国参议院，随之一起被送至参议院的还有约翰·泰勒强烈要求参议院通过该条约的意见。谈判原本在非常保密的情况下进行，但1844年3月16日，在《民族导报》和《奈尔斯纪事报》两份报纸上就出现了关于兼并条约的介绍，并且报纸上也刊登了条约已签订的消息。1844年4月13日，《奈尔斯纪事报》上刊登了华盛顿记者的一篇文章。该文章描述了条约签订时的状况,但几乎没有传达给公众什么可靠的信息。然而,当条约被送至参议院,并且与相关文件一起印刷,仅供参议院使用时,有一份复印件被俄亥俄州的参议员本杰明·塔潘送给了纽约的一个报社。后来,本杰明·塔潘向参议院道歉,但他遭到了严厉的谴责。随后,秘密协商的禁令被取消,两万份条约复印件和相关文件,被送到参议院以供使用。

投票于1844年6月8日进行。在此期间,亨利·克莱和马丁·范·布伦站出来反对兼并得克萨斯共和国。辉格党和

本杰明·塔潘

民主党召开了大会。辉格党提名亨利·克莱为总统候选人，民主党提名詹姆斯·诺克斯·波尔克为总统候选人。兼并得克萨斯共和国成为民主党纲领的主要内容。由此，兼并政策成为政党问题，并且以前对可能出现的投票结果的计划被彻底打乱。参议院由23名民主党成员和29名辉格党成员组成。辉格党成员内，除了密西西比州的约翰·亨德森，其他人都支持亨利·克莱。因此，这就确保了投票时参议院会反对这份兼并条约。无论怎么分析，约翰·亨德森的赞成票都是唯一一张可以用来抵制奴隶制影响的票。民主党人并不团结。因此，很有必要让安德鲁·杰克逊给新闻媒体写一封信，谴责投票反对签订条约的参议员，因为这些参议员背叛了国家的最大利益。即便如此，在巴尔的摩大会上，马丁·范·布伦的离开还是让大家感到非常难过。由于各种原因，在正式投票时，8个民主党参议员还是叛变了。其中，一个是印第安纳州的爱德华·A.汉尼根，他拒绝投票，并且在最后投票时消失不见。因此，最后的结果是16票赞成，35票反对。投赞成票的人中有5人来自自由州，而投反对票的人中有15人来自蓄奴州。

试想一下，如果条约按照最初签订的条款通过，那么会是什么结果？这样的想法一定很有趣。美国历史上，一直到美国内战时，"妥协政策"一直是一个非常明显的特点。毫无疑问，采取妥协政策，会使得克萨斯共和国成为一个蓄奴州。不过，很难说清楚得克萨斯变为蓄奴州将会付出什么样的代价。《1850年妥协案》中，反对奴隶制的各方势力本应有更好的机会达成一个更好的交易。该交易可能还会拿走得克萨斯共和国的公共用地。当时，公共用地的价值不好估算，但它在得克萨斯共和国的发展方面起到了非常重要的作用。总体来说，鉴于接下来发生的一系列事件，得克萨斯共和国有充分的理由感谢当时这份条约没有得到批准。

第 9 章

1844年总统大选
（1843年至1844年）

精彩看点

兼并得克萨斯共和国与选举的关系——安德鲁·杰克逊的信——辉格党召开大会——马丁·范·布伦请求安德鲁·杰克逊的帮助——詹姆斯·诺克斯·波尔克获得提名——"约翰·泰勒大会"——亨利·克莱的解释——"普拉克明斯欺诈案"

现在，兼并得克萨斯共和国的问题摆在美国面前。在即将进行的选举中，辉格党如果取得胜利，那么肯定会推迟兼并的进程。至于会对兼并问题产生什么进一步的影响，没有人能说得清楚。然而，民主党如果取得胜利，那么肯定会再度推进兼并的进程，并且很有可能使兼并政策得以完善。当政治家面对未来开始预测结果时，他们显然非常茫然。政治家虽然有足够的把握来判断马萨诸塞州或南卡罗来纳州当地民众的想法，但无法做出综合的判断。1840年总统大选，辉格党虽然取得了胜利，但与约翰·泰勒的争斗导致的混乱使它的胜利比失败好不了多少。原本在众议院席位中，辉格党人有40个席位，占有优势，而在1842年的国会选举中，转变为民主党人拥有70多个席位，占有明显优势。种种迹象强烈地表明，1844年民主党取得了彻底的胜利，正如1840年的辉格党一样。然而，兼并得克萨斯共和国一事被卷入竞选活动中。对那些只为获得官职，希望进行简单竞选的人来说，这样的局面与他们的意愿相悖，并且使局面变得更混乱和不确定，令人很困惑。对想要调整局面的人来说，这将是一个非常痛苦和灾难性的时刻。

事实上，随着1844年全国代表大会的临近，不管政客是否愿意面对，得克萨斯共和国问题都将成为一个议题，这是确定的。大会进行期间，得克萨斯共和国兼并条约被提交给参议院。问题越来越激化，导致那些渴望成为总统的人再也无法回避做出与兼并相关的声明。据说，亨利·克莱和马丁·范·布伦曾商议，双方都声明反对立即兼并的政策。有人指控亨利·克莱和马丁·范·布伦同时发表这样的声明，是计划通过共同抵制兼并政策，使拉票尽可能不牵涉它，从而确保不损害约翰·泰勒的利益。如果真有这样一个计划，那么辉格党人会坚持到底，甚至拒绝让兼并问题出现在他们的纲领中，但民主党人不能接受这一说法。

从一开始安德鲁·杰克逊似乎就意识到兼并问题带来的危险。因为参议院内部意见不一致，马丁·范·布伦没有被任命为驻英大使。目前，帮助马丁·范·布伦当选总统是其他所有事情都要服从的目标。1836年总统选举，马丁·范·布伦获胜。然而，这并不算是一次彻底的胜利，因为他只任职了一届，没有获得连任的机会。1840年，民主党遭到重创。尽管安德鲁·杰克逊没能把田纳西州从灾难中拯救出来，但盟友依然对他很忠诚。接下来近四年的时间，在"老英雄"安德鲁·杰克逊强有力的支持下，马丁·范·布伦似乎能再次成为民主党的候选人。然而，1844年，由于得克萨斯共和国兼并问题，马丁·范·布伦的竞选以失败而告终。

一定程度上，这场灾难可以说是由安德鲁·杰克逊造成的。安德鲁·杰克逊曾被迫宣布自己与兼并得克萨斯共和国有某种联系，而这一声明对他的朋友和亲信来说是不利的。1843年2月12日，安德鲁·杰克逊写了一封信，发表了自己对兼并得克萨斯共和国的看法，并且于1844年3月22日将信刊登在《里士满问询报》上。《里士满问询报》显示，该信写于1844年2月12日，但日期存在变动可能只是因为印刷错误。不管怎样，1844年3月30日，当这封信被转登到《奈尔斯纪事报》上时，日期被改了过来。至于这封信是如何写成的，实在不需要托马斯·哈特·本顿做出详细而虚假的解释。从《里士满问询报》上，田纳西州国会议员阿伦·V.布朗剪下了一封由约翰·C.卡尔霍恩的朋友托马斯·沃克·吉

阿伦·V.布朗

尔默写的关于这一话题的信。阿伦·V.布朗将这封信寄给了安德鲁·杰克逊，询问他对这件事的看法。这整个事件是为了约翰·C.卡尔霍恩的利益而预先安排好的。阿伦·V.布朗没有预先做任何计划安排，他的行为很自然。同样，安德鲁·杰克逊也应发表自己的意见，公开自己的答复。在写信时，安德鲁·杰克逊一定考虑到了这种可能，他似乎并不反对公开信的内容。安德鲁·杰克逊对马丁·范·布伦感兴趣。然而，可以肯定的是，安德鲁·杰克逊对山姆·休斯顿，以及其他大批在得克萨斯共和国定居的田纳西人也有着浓厚的兴趣。同样不容置疑的是，在信中，对于英国对得克萨斯共和国的影响，以及英国有可能攻击美国，同时美国西南地区有可能发生奴隶起义等问题，安德鲁·杰克逊表示非常担心。

安德鲁·杰克逊将信公开也没能阻止马丁·范·布伦宣布反对兼并得克萨斯共和国。几个星期后，安德鲁·杰克逊为回应自己在近一个月前写的一封信发表了声明，并且与马丁·范·布伦的声明同时出现。马丁·范·布伦采取这一立场的行为被描述为"可能是公众生活中最勇敢的行为，但他的行为不是以勇气为特征"。马丁·范·布伦如果能及时发表这项声明，让对手有机会阻止他重新被提名，那么可能会被认为更勇敢。当安德鲁·杰克逊写的这封信公开时，马丁·范·布伦已占据优势。参加民主党全国代表大会的大多数代表有的接到了命令支持马丁·范·布伦，有的原本就支持他。

1844年总统大选时，自由党提名接替约翰·泰勒的候选人的会议是最早召开的。这次自由党大会是1843年8月在布法罗召开的，它的重要性直到总统大选后才显现出来。选民全部由废奴主义者组成，代表自由党的选民相对较少，但足以使纽约州的辉格党和民主党保持平衡。另外，正如这次事件显示出来的，在整个美国范围内，同样可以使辉格党和民主党保持平衡。自由党大会提名密歇根的詹姆斯·吉莱斯皮·伯尼为总统候选人，俄亥俄州的托马斯·莫里斯为副总统候选人。自由党大会还通过了一项纲领。该纲领包含一系列决议，但只提出奴隶制这一个问题，并且以最强烈、最不妥协的措辞谴责了奴隶制问题。该纲领没有直接提及得克萨斯共和国，因为当时似乎没有兼并的可能，但它谴责了允许扩大奴隶制领土范围的政策可能足以涵盖得克萨斯共和国这个问题。

1844年5月1日，在巴尔的摩，辉格党召开大会。随着会议时间的临近，辉格党的前景似乎比民主党更好。马丁·范·布伦写的关于得克萨斯共和国的信使他失去了当选的可能。另外，除了"火柴党"，也就是马丁·范·布伦的追随者，再没有其他群体能够像他们那样热情地团结在一起。另外，在辉格党中，亨利·克莱的领导地位无可争议，他也一定会被提名，这是确定无疑的。显然，亨利·克莱是辉格党能够选择的最强的候选人。然而，在混乱中，亨利·克莱看不清自己的方向，更不用说辉格党中的其他人。

辉格党的大会召开时，亨利·克莱根本没有竞争对手，他获得了总统候选人提名。此外，只需要四张选票就可以提名新泽西州的西奥多·弗里林海森为副总统候选人。辉格党

西奥多·弗里林海森

的政策宣言与主要候选人非常匹配。该政策宣言由四项决议组成,其中,有三项决议专门用于表彰提名者。第二项决议简明扼要地陈述了辉格党的原则,但该原则谨慎地避免了最危险的议题。纲领中没有提到任何关于国家银行的事,但约翰·泰勒政府执政初期,辉格党坚决支持组建国家银行。另外,最重要的是,政策宣言中并未提及得克萨斯共和国。

与此同时,马丁·范·布伦的政治前景日趋黯淡。1844年5月11日,在谈到即将召开的民主党全国代表大会时,《奈尔斯纪事报》的一篇社论中说道:"尽管三个星期前形势很明显，马丁·范·布伦一定会被民主党全国代表大会提名，但现在结果非常不确定。"这篇社论还从主流报纸上引用了一些文章来说明这一情况。这些文章显示了全国各地选举的进展程度，以及民众对此的反应。马丁·范·布伦反对兼并的声明虽然耽搁了很长时间才发表，但他的政治生涯还是由此遭到了挫败。马丁·范·布伦请求安德鲁·杰克逊帮助他。作为回应，1844年5月16日，安德鲁·杰克逊写了一封信。1844年5月16日，在《纳什维尔联合报》上，这封信的内容首次发表。在信中，安德鲁·杰克逊拒绝放弃马丁·范·布伦，也不同意立即兼并得克萨斯共和国。对兼并这个问题，安德鲁·杰克逊有很多话要说，但他只是简单地赞扬了马丁·范·布伦的性格，并且非常坦率地为后者辩解，理由是马丁·范·布伦没有关注这个话题。这封信产生的负面影响，无须做过多解释。

1844年5月27日，在巴尔的摩，民主党召开大会。大多数代表都收到指示，他们应支持马丁·范·布伦。不过，在这大多数代表中，有许多人不希望看到马丁·范·布伦被提名。导致马丁·范·布伦竞选失败的第一步是大会通过了提名规则，规则要求获得提名需要得到三分之二的选票。第一轮投票结果显示，马丁·范·布伦获得146票，其余6人获得120票。其中，刘易斯·卡斯获得83票，约翰·C.卡尔霍恩获得6票。第一轮投票的显著特点是南北阵营分区投票。当时，这已成为美国政治的一个不祥的预兆。南方阵营只有12票投给了马丁·范·布伦，而北方阵营只有23票反对马丁·范·布伦。第二轮投票后，马丁·范·布伦超过半数的多数票下降至相对多数票。第五轮投票后,马丁·范·布伦的得票由多数票变成了少数票。刘易斯·卡斯以107票领先,而马丁·范·布伦只有103票。第八轮投票后,田纳西州的詹姆斯·诺克斯·波尔克获得44票。第九轮投票后,马丁·范·布伦被撤销提名,而詹姆斯·诺克斯·波尔克在极大的热情中最终获得一致提名。

随后,民主党全国代表大会开始提名副总统候选人。纽约州的赛拉斯·赖特几乎获得了一致提名,但收到电报通知后,他断然拒绝了提名。因为此前有人曾试图劝说赛拉

赛拉斯·赖特

斯·赖特，如果马丁·范·布伦被撤销提名，那么大会将首先提名赛拉斯·赖特。赛拉斯·赖特与马丁·范·布伦既是好朋友，也是政治盟友，所以他坚决拒绝此次提名。同样因为不愿从马丁·范·布伦的挫败中获益，赛拉斯·赖特拒绝了民主党全国代表大会颁给他的荣誉。最终，宾夕法尼亚州的乔治·M.达拉斯获得副总统提名。

詹姆斯·诺克斯·波尔克并不是一个默默无闻的人。1825年到1839年，詹姆斯·诺克斯·波尔克一直担任国会议员。在担任国会议员的最后四年，在著名的请愿权之争[①]发生时，詹姆斯·诺克斯·波尔克担任众议院议长。1839年，田纳西州州议会提名詹姆斯·诺克斯·波尔克为副总统，但民主党全国代表大会提名肯塔基州的理查德·门特·约翰逊为副总统。1839年，詹姆斯·诺克斯·波尔克当选田纳西州州长。1841年和1843年，詹姆斯·诺克斯·波尔克再次竞选田纳西州州长，均以失败告终。随着1844年民主党全国代表大会的临近，詹姆斯·诺克斯·波尔克有很大的希望成为副总统候选人，并且他在田纳西州、密西西比州和阿肯色州召开的大会上获得了副总统候选人提名。即使是在竞选中名列第二，詹姆斯·诺克斯·波尔克的普遍支持率也不如理查德·门特·约翰逊。詹姆斯·诺克斯·波尔克曾公开表示支持兼并得克萨斯共和国。因此，詹姆斯·诺克斯·波尔克获得提名，是因为他当选的话有利于实施兼并。不像辉格党支

---

① 19世纪30年代，美国反奴隶制协会向国会提交了大量要求废除哥伦比亚特区奴隶制的请愿书。为应对日益增多的请愿书，1836年，国会通过了禁止议员讨论这类请愿书的"钳口律"。——译者注

持亨利·克莱那样，詹姆斯·诺克斯·波尔克所属的民主党没有能力为他举行游行拉票。

民主党的纲领虽然提到了被提名人，并对马丁·范·布伦表达了强烈的感激和充分的信任，但它试图粉饰马丁·范·布伦的失败。因此，民主党的纲领处理的只是事件，并未处理人的问题。对当时比较重要的政治问题，民主党的纲领都做了详细和明确的说明。纲领中关于马丁·范·布伦失败而詹姆斯·诺克斯·波尔克获得提名的部分声称，"重新占领俄勒冈和重新兼并得克萨斯共和国是美国的重大举措，大会建议给予联盟的民主党人以热烈的支持"。

我们认为，投票赞成上述决议的广大代表并不是通过认真研讨涉及的复杂问题后，才得出结论。广大代表只是表达了一种普遍存在的期望和决心。抵制这种期望和决心是危险的，这种期望和决心与其说是为了证明自己，不如说是为了实现自己的目的。其中，一部分目的是希望扩大蓄奴地区，但这并不是最主要的。不同阵营间的对立使局面更加混乱，西部与东部对抗，北部与南部对抗。商业动机也发挥了一定作用。局面尽管非常复杂，但本质上是因为想要同时占有得克萨斯共和国和俄勒冈的冲动。这种冲动比对奴隶制的厌恶、对战争的恐惧，以及对如何实现理想扩张的任何谨慎考虑都要强烈。

如果用"重新兼并"来形容当时正在进行的占有得克萨斯共和国的行动，那么恐怕难以自圆其说。现有证据证明，1803年美国购买路易斯安那时，得克萨斯地区是法属路易斯安那的一部分。有更多的证据虽然印证了这一点，但似乎仍不足以得出这样的结论。对将"重新占领"一词用于俄勒冈,将在后文讨论。

1844年的民主党全国代表大会有四个有趣的地方令人难以忘记。其一,詹姆斯·诺克斯·波尔克是第一个赢得总统提名的"黑马"。其二,大会第一次出现"突然一面倒"的情况。在第二轮投票中,詹姆斯·诺克斯·波尔克才被提名。其三,这次大会是第一次通过电报的形式来报道议程的。其四,赛拉斯·赖特是唯一一个拒绝提名的候选人,他在民主党候选人名单中位列第一名或第二名。

众所周知,民主党全国代表大会召开的同时,在巴尔的摩,所谓的"约翰·泰勒大会"也在召开。从《奈尔斯纪事报》对此次大会议程的报道来看,大多数州都派代表出席了,但选民代表不可能来自有组织的团体。约翰·泰勒的对手声称,此次大会主要由官员组成。对这一指控,没有任何令人信服的证据能够证明。后来,约翰·泰勒写信给亨利·A.怀斯。在信中,约翰·泰勒说道,有"来自联邦各州的1000名代表"参加了此次大会。这次大会是为了把约翰·泰勒比其他任何人都更多地提及的问题一并提出来。在"约翰·泰勒和得克萨斯共和国"这一呼声中,大会的目的得到了很好的体现。大会提名约翰·泰勒为候选人,并且他接受了。约翰·泰勒如果此时加入了民主党,那么可能是实施兼并纲领最合适的候选人。然而,不久,大量的兼并主义者不再愿意追随约翰·泰勒。1844年8月20日,约翰·泰勒宣布退出竞选。约翰·泰勒的解释是,他只是在尽力防止盟友不会遭到排斥,并且确保他的政府推行的措施得到顺利落实。

对1844年的总统大选，民众的参与热情很高，但不及1840年。在声势浩大的游行示威活动中，民主党在一定程度上被纲领的第一个决议羁绊。决议内容如下："坚定决心，美国民主不相信虚假的符号，不相信侮辱人民判断力和颠覆人民智慧的表现和要求，而是相信和依靠智慧、爱国和善恶分明的美国大众。"因此，民主党人对辉格党人以前的游说方式很蔑视。尽管如此，惨败的记忆令民主党人不敢让辉格党人四处游说。

竞选期间，亨利·克莱的言论对辉格党毫无帮助。亨利·克莱虽然声称自己反对立即兼并得克萨斯共和国，但不敢坦率地说出来。亨利·克莱一直在解释，但没有人知道他的观点究竟是什么，以及他如果当选，那么有可能会采取什么政策。在所谓的"罗利信"①中，亨利·克莱第一次公开反对兼并得克萨斯共和国，并且表示他不同意"得克萨斯共和国作为不可或缺的一部分，应被纳入联邦，并且坚决反对南部邦联许多人的意愿"。这么做使亨利·克莱在南方各州失去许多选票，并且南方各州指控他意在拉拢废奴主义者。在"阿拉巴马信"②中，亨利·克莱为自己辩护，他宣称自己并不认为"奴隶制问题应影响兼并问题"。这么做又使亨

---

① 1844年4月17日，亨利·克莱发表了一份被称为"罗利信"的文件，向南方辉格党同僚陈述了自己对得克萨斯共和国问题的看法。在信中，亨利·克莱断然谴责约翰·泰勒的兼并法案，并且预言该法案的通过将挑起与墨西哥的战争，因为墨西哥政府从未承认得克萨斯共和国的独立。——译者注
② 1844年，为保住辉格党的选票，亨利·克莱写了两封信表达自己的意见，第一封于1844年7月1日在阿拉巴马州塔斯卡卢萨的《独立观察报》上发表。第二封于1844年7月27日在阿拉巴马州的另一家报纸上发表。正是第二封信使亨利·克莱在选举中失利。——译者注

利·克莱失去了北方各州的许多选票。除了采用最消极的方式接受现实，亨利·克莱没有贸然向那些反对扩张奴隶制的人寻求支持，他也不能这样做。虽然有些州对亨利·克莱特别忠诚，但亨利·克莱不想失去自己在这些州的权威。最终的结果是，亨利·克莱的一系列解释导致了他最终的失败。

在美国，一个界定清晰、并不复杂的问题很少会交给广大选民通过投票来决定。这是国家政治中不幸的一面。因此，很难确定全国选举的真正意义。政党的纲领往往回避重点。制定的原则虽然是以分组的形式提出的，但并没有指出重点。在一个政党掌控政府的时期，仅仅是经济原因造成的物质繁荣或萧条，就对该政党能否继续执政起重要作用。妥善对待竞选运动本身就很重要。总体来说，美国的政治斗争非常复杂和混乱，导致很难说清楚胜利或失败的真正原因。在这种情况下，政治经验的价值大大降低。在时代的进程中，人们希望能够出现一种更加简单的制度，来减少掩盖问题、以欺骗取胜的机会，并且能使他们更容易理解投票选举的最终结果。

然而，在美国历史上，没有任何一场政治运动能够像1844年总统大选那样，由一个问题彻底主导全局。所有政党似乎都很清楚这一状况，并且似乎没有充分的理由来解释：为什么这些参与竞选的人，不能清楚地预见这些干扰因素可能会在竞选中发挥作用。毫无疑问，对结果最好的解释是：詹姆斯·诺克斯·波尔克能够获胜是因为美国民众都想要得到得克萨斯共和国。

选举的票数非常接近。在选举人中，詹姆斯·诺克斯·波尔克获得65%的多数票，但在普选中没有获得多数票，并且他的领先票数不足4万。然而，如果不是因为南卡罗来纳州的总统选举团成员没有进行民选，那么詹姆斯·诺克斯·波尔克领先的票数会多得多。南卡罗来纳州的总统选举团成员由州议会挑选。7个自由州投票支持詹姆斯·诺克斯·波尔克，而6个自由州投票支持亨利·克莱。詹姆斯·诺克斯·波尔克赢得了8个蓄奴州的支持，而亨利·克莱赢得了5个蓄奴州的支持。由于废奴主义者的叛变，亨利·克莱失去了纽约州和密歇根州的选票。托马斯·哈特·本顿称，如果不是因为赛拉斯·赖特，那么辉格党会赢得纽约州的选票。在州长选举中，赛拉斯·赖特是竞选纽约州州长的民主党候选人，并且在竞选中遥遥领先了数千张选票。一个有趣而奇特的事实是，安德鲁·杰克逊和詹姆斯·诺克斯·波尔克的势力联合起来，也未能为民主党挽回田纳西州的支持。田纳西州各党派的竞争异常激烈，但它以113票的多数票支持亨利·克莱。

如果纽约州和密歇根州真的反对兼并实行奴隶制的得克萨斯共和国，并且将选票转投给亨利·克莱，那么在选举人中亨利·克莱将获得17张多数票。另外，更加合理的假设是，肯塔基州和田纳西州完全是出于自身原因选择支持亨利·克莱，更不用说俄亥俄州和北卡罗来纳州了。肯塔基州和田纳西州的人民面对的如果只是简单的兼并问题，那么就会投票支持尽快兼并得克萨斯共和国。然而，由于密歇根州和纽约州转投亨利·克莱，肯塔基州和田纳西州转投詹姆斯·诺克斯·波尔克，选举仍对詹姆斯·诺克斯·波尔克有利。总体来说，似乎只能把这次投票解读为赞成兼并政策，没有其他更合理的解释。

选举过程中，辉格党和民主党可以对欺诈行为自由地行使指控权。这次竞选活动中流传着各种牵强附会和毫无必要的谎言，尤其是关于辉格党指控民主党在纽约州和路易斯安那州行为不端的谎言。不幸的是，我们对这些指控非常熟悉，并且常常被迫相信这些指控。然而，审查这些指控的相关证据、确定责任，以及准确查明这些指控对结果的影响绝非易事。对路易斯安那州民主党最强烈的指控是所谓的"普拉克明斯欺诈案"，这一事件的确值得进行简要调查。

根据指控，在路易斯安那州的选举中，普拉克明斯县民主党获得多数票。这对路易斯安那州的最终投票结果至关重要。然而，民主党获得多数票是因为包括约翰·斯莱德尔在内的一群人从新奥尔良带领一船人去往路易斯安那州，在那里进行非法和重复投票。后来，约翰·斯莱德尔被詹姆斯·诺克斯·波尔克派去墨西哥，他也是参与1861年"特伦特"号事件[①]的南方联盟委员之一。普拉克明斯县的大部分民主党选票都由新奥尔良前往路易斯安那州的人投出，目的就是获得多数票。1844年11月13日，在《新奥尔良信使报》向路易斯安那州公民的致辞中，民主党坦诚地承认了这一

---

① 1861年11月，美国查尔斯·威尔克斯舰长命令英国邮轮"特伦特"号停航，并且从船上带走了两名南方联盟政府代表詹姆斯·默里·梅森和约翰·斯莱德尔，把他们拘留在波士顿。对此，英国反应强烈，它曾试图通过承认南方联盟或对美国宣战来报复美国。直到美国国务卿威廉·亨利·西沃德向英国政府说明，此事并非受美国政府指示，并且释放被拘人员后，紧张的局势才得以缓解。——译者注

点，并且由约翰·斯莱德尔和其他八个人签字认可。这些人承认将代表团从新奥尔良运到普拉克明斯县，但坚决否认欺诈的意图和事实。签名者声称，他们只运送了一些尚未在新奥尔良投票的人，因为新奥尔良的选举比普拉克明斯提前两天进行，并且他们还采取了一切适当的预防措施，防止无资格的人投票。签名者还声称，这一行为严格遵守州宪法和法律，也符合多名杰出辉格党人的意见和行为。签名者还提供了这些辉格党成员的名单。签名者欢迎严格审查他们的行为。总体来说，有足够证据表明普拉克明斯县的投票虽然确实违法，但并不足以证明詹姆斯·诺克斯·波尔克通过欺诈行为赢得路易斯安那州的选票。

第 10 章

国会联合决议兼并得克萨斯共和国
（1844年至1846年）

精彩看点

兼并文件被递交给国会——联合决议的提出——约翰·昆西·亚当斯态度的转变——反对兼并得克萨斯共和国的理由——众议院、参议院通过联合决议——得克萨斯人对兼并的态度显然，由于与美国签订兼并条约失败，得克萨斯共和国问题并未得到解决。随着兼并措施的推进，北方和南方发生了破坏性骚动。1843年3月，当兼并问题有可能再次出现的消息开始传播时，以约翰·昆西·亚当斯为首的13名国会议员共同签署了一份致各自由州人民的呼吁书，抗议兼并得克萨斯共和国，并且声称这样做等同于将联邦解散。然而，当参议院反对得克萨斯共和国兼并条约的消息传开时，南卡罗来纳州的民众感到非常的愤怒。甚至在得克萨斯共和国兼并条约被否决前，在阿什利和博福特召开群众集会，宣布要放弃支持联邦，而不是放弃得克萨斯共和国。此外，群众集会还要求蓄奴州召开会议，来考虑将得克萨斯共和国并入联邦的问题；如果美国不接受，那么就将得克萨斯共和国并入南方州。南卡罗来纳州各地都对这一呼声有所回应。《国家问询报》的托马斯·里奇强烈反对在里士满举行这样一个讨论得克萨斯共和国问题的蓄奴州的会议；纳什维尔的公民也对在里士满举行该会议表示抗议。因此，兼并得克萨斯共和国一事被一再推迟，只能等待更好的时机。如此一来，兼并得克萨斯共和国的问题就留给政府来解决了。

约翰·泰勒行事果断，他迅速占据了主动。1843年6月10日星期一，约翰·泰勒向众议院递交了于1843年6月8日被否决的条约，并且附加了咨文和文件。其中，不仅包括参议院已公布的内容，还包括参议院仍然保密的其他内容。之所以递交这些文件，是因为约翰·泰勒认为这些文件是弄清楚兼并得克萨斯共和国的问题的关键。约翰·泰勒认为把整个问题递交给众议院是自己的职责。他认为，兼并问题并非与派系有关或者具有地方性；预先谈判以征得墨西哥的同意，不仅会冒犯墨西哥，还会承认得克萨斯共和国的独立是"欺诈的、虚假的或无效的"；只有在兼并得克萨斯共和国后，美国和墨西哥的边界问题才会适当地显现出来，并且是特意留下来的；反对扩张是徒劳的，必须立即采取行动。总之，约翰·泰勒得出结论："我认为这么说很恰当，再补充一点，通过条约来完成兼并尽管是达成目的最合适的方式，但如果国会认为，正确的做法是采取符合宪法，并且可能实现兼并的其他方式，那么我会立即做好准备，放弃自己最初的想法，并且积极合作。"

约翰·泰勒说："最大的问题不是应采用何种方式解决兼并这个问题，而是是否应解决兼并这个问题。"

最后，约翰·泰勒做出声明，并且以这样一种方式提交了关于兼并的文件。这是将这些文件提交给国会的最佳机会，也是对民主党人的一种呼吁：在大会上解决这个问题后，占多数的民主党众议员就不可能再质疑兼并得克萨斯共和国的可取性。除了会有一些方式上的顾虑，没有任何事情能妨碍兼并得克萨斯共和国政策的实施。至于参议院，显然必须依靠民主党来为兼并得克萨斯共和国提供主要支持。辉格党虽然占多数，但没有承诺反对兼并得克萨斯共和国。除非辉格党的参议员表现出比总统候选人亨利·克莱更强硬的立场，否则辉格党中大多数人会像詹姆斯·平克尼·亨德森一样，被迫统一战线，服从选民的意愿，以确保成功兼并得克萨斯共和国。马丁·范·布伦的错误很快就会被遗忘，而像托马斯·哈特·本顿这样倔强的民主党人会发现，要坚持反对他们的大多数政治伙伴很困难。所以约翰·泰勒一定也意识到了这个问题，虽然可能性很小，但最终结果表明的确如此。

1843年5月23日，在得克萨斯共和国兼并条约被拒绝前，南卡罗来纳州的乔治·麦克达菲向参议院提交了一项联合提案，要求按照谈判中商定的协议条款兼并得克萨斯共和国。这项联合提案一直保留在参议院日程表上。兼并条约被正式否决后，托马斯·哈特·本顿收到约翰·泰勒总统的特别咨文，于是立即准备好他于1843年6月10日提出的一项法案，即国会授权约翰·泰勒与得克萨斯共和国、墨西哥就兼并得克萨斯共和国和调整边界一事进行谈判。托马斯·哈特·本顿声称授权很有必要，因为兼并得克萨斯共和国将把一个新的州纳入联邦，但只有国会有这样的权力。1843年6月11日，托马斯·哈特·本顿提交的法案进行第二次宣读，而乔治·麦克达菲的提案则按常规顺序提出，并且最终以27票比19票的表决结果被搁置。无论如何，比起得克萨斯共和国兼并条约被否决,这并没有特别令人沮丧。1843年6月13日,托马斯·哈特·本顿提交的法案以25票比20票的表决结果被搁置。1843年6月17日,国会休会,没有就这个问题采取进一步行动。

1843年11月,在选举获胜后,詹姆斯·诺克斯·波尔克呼吁积极实践民主党的政策宣言。在第二十八届国会第二次会议上,人们重新认识到兼并问题的重要性。在第四次年度咨文中,约翰·泰勒再次抨击了兼并问题。约翰·泰勒说,在其他事项中,美国的利益要求墨西哥和得克萨斯共和国停止战争,但迄今为止,为制止战争而进行的友好努力已被证明是徒劳的。由于有人抱怨没有将得克萨斯共和国兼并条约提交给公众征求意见,约翰·泰勒认为有必要把兼并条约提交给国会,以表明为了美国的利益,墨西哥和得克萨斯共和国应停止战争。另外,因为国会没有采取明确的行动,兼并问题已涉及各州和各州的民众。通过选举,绝大多数民众和大多数州表示赞成立即兼并得克萨斯共和国。美国和得克萨斯共和国的政府通过各自的代理人就条款达成了一致。约翰·泰勒建议通过一项联合决议来采纳这些条款,并且联合决议经得克萨斯政府批准后对两国均具有约束力。

国会立即着手处理这一问题。在参议院,乔治·麦克达菲重新提交了提案,而托马斯·哈特·本顿也提交了提案。其他人也提出了建议。所有这些都将提交给参议院外交委员会。然而,在众议院采取行动后,兼并得克萨斯共和国问题依旧没有取得任何进展。参议院外交委员会的委员还提出了许多关于兼并的法案和提案。众议院外交委员会主席查

查尔斯·贾里德·英格索尔

尔斯·贾里德·英格索尔也提交了一项法案,其观点与乔治·麦克达菲在参议院提出的提案基本一致。

与此同时,借用约翰·泰勒的说法,有迹象表明,无论是"人民"还是"国家",都没有忘记兼并这个问题。来自新英格兰各州,尤其是纽约州反对兼并的请愿书纷纷涌来。当然时不时也会有一份赞成兼并的请愿书。各州的立法机构提交了支持或反对兼并得克萨斯的提案。按照要求,俄亥俄州的民主党参议员威廉·艾伦需要向参议院提交在俄亥俄州大会上通过的关于抗议兼并的提案,并且要求俄亥俄州参议员尽最大的努力挫败兼并。然而,威廉·艾伦和民主党同僚本杰明·塔潘更愿意服从民主党全国代表大会的命令，而不是辉格党州议会的命令。另外，路易斯安那州两名辉格党参议员之一的亨利·约翰逊也提交了提案，表明自己所在的路易斯安那州的辉格党州议会支持兼并得克萨斯共和国。尽管州议会的政治形势复杂，并且总统选举可能存在舞弊，但亨利·约翰逊清楚地知道，路易斯安那州的选民非常支持兼并得克萨斯共和国。因此，亨利·约翰逊投票赞成兼并得克萨斯共和国，但他的同僚亚历山大·巴罗坚决反对兼并得克萨斯共和国。

亚历山大·巴罗

众议院进行了认真、激烈的辩论，其间，不时出现一些幽默的小插曲。在提交法案时，查尔斯·贾里德·英格索尔表示，在竞选期间的游说活动中，兼并问题突出地摆在了他所在选区的民众面前。在会议上，查尔斯·贾里德·英格索尔每次都会告诉民众：" 我如果能当选，那么我会认为自己是得到相应的指令，从而投票赞成立即兼并得克萨斯共和国。"宾夕法尼亚州的詹姆斯·波洛克回应说，自己是来自民主党选区的辉格党人。另外，詹姆斯·波洛克表示既然自己是在公开表示不赞成兼并得克萨斯共和国这一政策的情况下当选的，他就认为自己所在选区的大多数人反对兼并得克萨斯共和国。马萨诸塞州的罗伯特·查尔斯·温思罗普将兼并称为"一个不是通过选举而是偶然当上总统的人实行的措施"。斯蒂芬·A.道格拉斯巧妙地反驳了这一言论，他把兼并得克萨斯共和国的起源怪罪于约翰·昆西·亚当斯，并且暗示说，罗伯特·查尔斯·温思罗普认为约翰·昆西·亚当斯并非由人民选出的总统。

1844年1月24日，约翰·昆西·亚当斯对自己对得克萨斯共和国态度的转变做出了解释。约翰·昆西·亚当斯听到的关于兼并得克萨斯共和国唯一无可辩驳的言论是，得克萨斯共和国注定要交给美国，而美国必须拥有得克萨斯共和国。至于1825年发起兼并得克萨斯共和国的责任，约翰·昆西·亚当斯说，他曾提议在得到墨西哥同意的情况下收购得克萨斯地区。那时，得克萨斯地区还不存在奴隶制。因此，约翰·昆西·亚当斯希望的是在得到墨西哥同意的情况下占领没有采取奴隶制的得克萨斯地区。然而，现在国会的提议是，不经过墨西哥的同意，直接占领得克萨斯共和国。约翰·昆西·亚当斯认为，制定兼并条约的权力包括获得领土的权力。不过，在未经本人同意的情况下，谁都没有权力把一个人从一个国家转移到另一个国家。兼并外国的领土就等同于解散美利坚联邦。约翰·昆西·亚当斯声称，两个主权国家的合并只能由人民自己来完成。

约翰·昆西·亚当斯的说法值得认真考虑。没有人比约翰·昆西·亚当斯更彻底地受原则支配，也没有人能在得克萨斯共和国问题上表达不同的意见，除了托马斯·哈特·本顿。然而，1825年，约翰·昆西·亚当斯错误地论断墨西哥不存在奴隶制，并且毫无根据地假设得克萨斯共和国仍属于墨西哥。抛开这些不谈，约翰·昆西·亚当斯的言论是有道理的。没有人民的支持，只制定条约，不可能将一个国家的独立民族完全并入另外一个民族。一个国家以这种方式兼并另一个国家，即使是从兼并国的立场来看，也有强烈的理由考虑支持依据人民的裁决来采取行动，因为领土扩张将对国家生活产生深远的影响。

其中，一个反对兼并的理由是，兼并有可能导致美国与墨西哥发生战争。尽管得克萨斯共和国实际上已独立近九年，并且墨西哥显然不能继续要求对曾属于自己的得克萨斯共和国行使主权，但墨西哥没有放弃这些权利主张。相反，墨西哥政府坚持认为，即使得克萨斯共和国作为独立国家得到某些大国的承认，但在处理涉及得克萨斯共和国的问题时，墨西哥政府也应受到尊重。墨西哥不愿承认墨西哥与得克萨斯共和国的战争已结束，尽管战争已失去民族冲突的特征，并且退化为一系列无效的突袭和反击，但这不过是因为双方一直想要激怒对方。墨西哥始终保持这种态度，但它的主张显得越来越无力，越来越不合理。对墨西哥来说，失去得克萨斯共和国，让得克萨斯共和国被美国兼并，势必会伤害到它的民族自豪感。这非常容易理解。考虑到墨西哥处于相对弱势的地位，这自然会引起公众的同情。然而，在墨西哥仍旧不愿和解的情况下，讨论兼并得克萨斯共和国是一个合法的辩论主题。然而，美国的政治学家和历史学家明显更倾向于接受墨西哥的观点，与其说这是审慎地应用国际法，不如说是因为兼并得克萨斯共和国会涉及奴隶制。

1845年1月25日，众议院以120票比98票的结果最终通过了这项联合决议。1845年1月13日，田纳西州参议员伊弗雷姆·哈伯德·福斯特和众议员米尔顿·布朗提交了一项法案。这项法案以修正案的形式提出。在提出该法案时，伊弗雷姆·哈伯德·福斯特表示，尽管自己"正如希望和相信的那样，根据公正和适当的原则"赞成兼并，但无法掩饰自己对得克萨斯人民的同情。据伊弗雷姆·哈伯德·福斯特的估计，得克萨斯共和国十分之一的人来自田纳西州。联合决议规定，"合法属于得克萨斯共和国"的领土可建立在"得克萨斯州"内，以确保它能够加入美国。国会同意联合决议是基于以下条件和保证：

第一，在形成新州的过程中，得克萨斯共和国可能与其他政府产生的边界问题将由美国政府进行调整；得克萨斯州宪法与得克萨斯人民通过州宪法的准确数据，将于1846年1月1日或1846年1月1日以前提交给美国国会做最后决定。

第二，得克萨斯的公共建筑、港口、码头，以及其他一切财产、公共防卫设施都转让给美国，但得克萨斯保留公共资金、债务、税收等；在任何情况下，得克萨斯的债务都不得成为美国政府的负担。另外一项关于转让"所有矿地、矿物、盐湖和泉水"的附加条款被废止。

第三，经得克萨斯同意，美国可在其境内建立其他规模适宜、人口充足的州，但数目不应超过四个；位于密苏里妥协线①以南，即北纬36°30′以南的各州可以加入美国，根据各州人民的意愿，可自行决定是否实行奴隶制；而在密苏里妥协线以北的各州，除罪犯外，禁止奴隶制或非自愿奴役。

最后这一条件由斯蒂芬·A.道格拉斯提出，在联合决议获得通过前被纳入决议。

这里有两个有趣的事实与上述第三个条件有关。第一，《密苏里妥协案》的适用范围扩展到得克萨斯共和国境内。这一条件对后来该妥协案被《1850年妥协案》替代有一定影响。第二，在根据《1850年妥协案》调整得克萨斯共和国边界时，北纬36°30′以北的所有领土，以及按照得克萨斯

---

① 1820年，美国国会通过《密苏里妥协案》，将蓄奴州和自由州的分界线改为北纬36°30′，这条线以南的领土允许奴隶制存在，以北的领土禁止实行奴隶制。——译者注

共和国兼并条约规定属于自由州的土地，将从得克萨斯分割出去。因此，得克萨斯共和国北部的分界线被确定为北纬36°30′。得克萨斯共和国也永远地被附上了《密苏里妥协案》的印记。

约翰·泰勒建议的联合决议被提交给参议院。对此，参议院外交委员会进行了不利的报告。反对派主要强调的是这项联合决议是否合宪的问题，而大多数发言反对的人声称，国会无权承认一个由外国领土构成的州加入美国。在辩论的最后一天，密西西比州的罗伯特·J.沃克提出了一项决

罗伯特·J.沃克

议修正案，旨在给像托马斯·哈特·本顿这样的参议员一个机会，让他们放弃反对联合决议的抗争，而不显示出是因为完全屈服于宪法的原因。该决议修正案包括一个附加部分，让约翰·泰勒选择是否进行兼并谈判，而不是把联合决议主动提供给得克萨斯共和国。该决议修正案正式通过，联合决议也在参议院以27票比25票的投票结果获得通过。所有的民主党人，连同三名辉格党人：密西西比州的约翰·亨德森、路易斯安那州的亨利·约翰逊和马里兰州的威廉·杜赫斯特·梅里克都投了赞成票。辉格党赫赫有名的成员托马斯·科温已取代本杰明·塔潘当选俄亥俄州参议员，进入参议院。如果这次人员变动发生在最终投票前，那么兼并就有可能会失败。两位民主党参议员托马斯·哈特·本顿和本杰明·塔潘后来声称，他们和另外两三位参议员投赞成票，是因为得到保证：约翰·泰勒不会按照联合决议采取行动，他会将联合决议留给詹姆斯·诺克斯·波尔克来处理。据说，詹姆斯·诺克斯·波尔克已明确表示，将选择通过谈判来解决兼并得克萨斯共和国的问题。然而，在官方记录中，詹姆斯·诺克斯·波尔克否认自己曾以任何方式做出承诺。对于约翰·泰勒态度的预测似乎是基于乔治·麦克达菲的观点。

现在，联合决议又被送回众议院。1845年2月28日，众议院以132票比76票的表决结果通过了联合决议，没有修改它。1845年1月25日，众议院首次投票的结果显示，22名北方民主党人反对联合决议，其中，12名来自纽约州；6名南方辉格党人支持这项决议，其中，4名来自田纳西州。然而，在联合决议从众议院首次投票到最终通过的这段时间内,影响各党内部的不和谐因素已消失。最后一次投票结果显示,双方几乎没有发生"叛变"行为。只有亚拉巴马州的詹姆斯·德莱和佐治亚州的阿布萨隆·哈里斯·查普尔支持兼并;纽约州的理查德·D.戴维斯和新罕布什尔州的约翰·P.黑尔反对兼并。

约翰·泰勒既不想谈判,也不想等到詹姆斯·诺克斯·波尔克来解决兼并这个问题。于是,他立刻派出一名特使前往得克萨斯共和国,提议兼并。兼并主义者如果完全了解得克萨斯共和国的情况,那么会比现在更加不安。直到

约翰·P.黑尔

1844年下半年，山姆·休斯顿才卸任得克萨斯共和国总统。随后，安森·琼斯继任。这两人的态度让人捉摸不定。人们普遍认为山姆·休斯顿和安森·琼斯都反对美国兼并得克萨斯共和国。1844年6月24日，乔治·汉密尔顿·戈登告诉阿什贝尔·史密斯，如果兼并条约签订失败，那么英国和法兰西王国将准备与美国和得克萨斯共和国一起，通过一项"外交行动"来解决边界问题，确保得克萨斯共和国的独立地位，并且如果有必要，将会迫使墨西哥默认此事。然而，1844年6月8日，在美国参议院，兼并条约已被投票否决。山姆·休斯顿对即将就任的总统，现任国务卿安森·琼斯做出指示，要

乔治·汉密尔顿·戈登

求他接受乔治·汉密尔顿·戈登的提议,并且做出承诺。然而,安森·琼斯隐瞒了这项命令,直到四年后才公布。

英国政府继续努力阻止美国兼并得克萨斯共和国政策的实施,而现在由于墨西哥政府态度比较缓和,阻力有所降低。最终,在英国和法兰西王国的共同调解下,得克萨斯共和国和墨西哥政府分别于1845年3月29日和1845年5月19日签署了一项条约的初步条款。墨西哥可以承认得克萨斯共和国独立,但条件是它必须承诺放弃被兼并。

得克萨斯共和国希望被兼并。当国会提出兼并的决议获得通过后,得克萨斯人欣喜若狂。休斯顿出版的《电讯纪事报》声称,"圣哈辛托战役胜利的消息都未曾引起如此普遍和热烈的欢呼。"1845年6月16日,总统安森·琼斯召开了得克萨斯国会特别会议,并且于1845年7月4日召开大会通过兼并的提议。对有待考虑的替代方案,大家也没有丝毫犹豫:表决一致通过,拒绝与墨西哥签订条约,并且接受兼并。只有一个代表没有参加会议。随后,这个问题被交给得克萨斯人民决定。1845年10月13日,得克萨斯人民同意了大会通过的方案,只有少数人投票反对。

除了接纳得克萨斯共和国作为一个州加入美国,不需要进一步措施完成兼并得克萨斯共和国。在第二十九届国会第一次会议开幕发表的年度咨文中,詹姆斯·诺克斯·波尔克提出建议,接纳得克萨斯共和国作为一个州加入美国,并且迅速为此提出了一项提案。在审议兼并得克萨斯共和国的同时,大量的请愿书和抗议书提交给了美国国会,反对得克萨斯共和国以蓄奴州的形式加入美国。美国众议院的反对派做出了巨大的努力，但抗争毫无意义。在众议院，联合决议以141票比56票获得通过；在参议院，联合决议以31票比14票获得通过；并且该联合决议于1845年12月29日由詹姆斯·诺克斯·波尔克签署。1846年2月19日，得克萨斯州政府正式成立。扩张的动力最终克服了奴隶制带来的摩擦。得克萨斯州提交美国国会批准的宪法承袭了得克萨斯共和国原有的宪法。

第 11 章

俄勒冈争议的调解
（1827年至1846年）

精彩看点

早期欧洲人的探险——《努特卡海湾条约》——美国与英国的谈判——俄勒冈定居者的自治运动——英国拒绝接受北纬49°的妥协提议——终止《1827年条约》——《俄勒冈条约》的签订

可以看到，即使在进行兼并得克萨斯共和国这场大争斗中，美国也没有将注意力完全转向西南部，它还将一部分注意力集中在俄勒冈。在1844年民主党的纲领中，俄勒冈和得克萨斯共和国紧密地联系在一起。在同一段言论中，要求"重新兼并"得克萨斯共和国，更加强调"重新占领"俄勒冈。民主党的纲领声称，美国对俄勒冈"全部"领土的所有权是"明确和不容置疑的"，并且"任何一部分领土都不应割让给英国或其他国家"。

据记载，最早航行到俄勒冈规定界线内的欧洲人有可能是弗朗西斯·德雷克。1543年，巴托洛梅·费雷洛率领的西班牙探险队几乎不可能看到远在北纬42°的海岸线。1579年，弗朗西斯·德雷克在太平洋海岸航行。关于弗朗西斯·德雷克探险的北部界线是北纬42°到北纬48°的哪个位置，同时代的说法各不相同，但有足够证据表明应是位于北纬42°以北的某个位置。胡安·德·富卡声称曾于1592年率探险队到过俄勒冈，但几乎没人相信这种说法。在《帕切斯的朝圣》一书中，英国人迈克尔·洛克曾讲述胡安·德·富卡探险的故事。然而，当围绕俄勒冈所有权的争论达到最激烈时，人们开始相信胡安·德·富卡的说法，也相信巴托洛梅·费雷洛是第一个发现该地区的探险家。1774年，胡安·何塞·佩雷斯·埃尔南德斯指挥的一艘西班牙船沿着海岸航行，从北纬55°向南航行到加利福尼亚。1778年，詹姆斯·库克上校率领

詹姆斯·库克上校

的英国探险队向北航行，从北纬44°30′以外的不同地点看到了后来被称为"俄勒冈"的陆地。1788年，在罗伯特·格雷的指挥下，一艘来自波士顿的美国船穿越了一条与弗朗西斯·德雷克探险时基本一致的航线。1792年，罗伯特·格雷再次进入该航线，并且将它称为"哥伦比亚河"。1775年，西班牙人布鲁诺·德·赫克塔就已发现哥伦比亚河河口。1793年，亚历山大·麦肯齐爵士从阿萨巴斯卡湖经由陆路到达弗雷泽河上游，而西班牙人以前也发现过弗雷泽河河口。1805年，梅里韦瑟·刘易斯上尉和威廉·克拉克少尉跨越密苏里河源头，进入哥伦比亚盆地，沿哥伦比亚河到达太平洋。

西班牙声称对哥伦比亚和弗雷泽河流域附近海岸拥有主权，并且说如果首先发现就能得到所有权，那么没有其他国家比西班牙更有资格。然而，西班牙没有能力行使其主张的主权。在后来被称为"温哥华岛海岸"的努特卡海湾，西班牙曾试图阻止英国建立一个哨所，结果导致1790年签订了屈辱的《努特卡海湾条约》。因此，西班牙也向英国让渡了几乎平等的权利[①]。随后，在1794年签署的一项条约中，西班牙政府和英国政府同意，任何一方都不应在努特卡海湾声称专属主权，并且应共同抵制其他国家企图在努特卡海湾声称专属主权。显然，英国的主要目的是保持努特卡海湾的贸易开放。

---

① 1790年10月28日签署的《努特卡海湾公约》承认各国可在太平洋自由航行和捕鱼，并且可以在未被占领的土地上进行贸易和建立定居点。——译者注

在努特卡海湾争端中，英国采取的开放政策带来了竞争。对这种竞争，美国人并没有拒绝。相反，太平洋沿岸和中国的贸易几乎完全落入波士顿商人的手中。这种情况一直持续到1812年战争才结束。即使在1812年战争后，波士顿商人仍继续在该区域活动。然而，在俄勒冈所有权的争议最终得到解决前，贸易已变得无关紧要了。

据预测，在美国购得路易斯安那后，美国和英国将会为争夺俄勒冈的所有权而立即进行谈判。1806年12月31日，美国和英国的代表签署了条约，但该条约被美国总统托马斯·杰斐逊否决了。条约签署后，双方还增加了一项规定，即接受北纬49°作为分界线，划分斯托尼山脉以东的领土，并且分界线不应扩展到"属于任何一方或由任何一方主张的领土"的西面。在《根特条约》的谈判过程中，类似的条约也曾被否决。因为英国代表增加了一项规定，即英国的民众应在密西西比河享有自由航行权，并且能经由美国领土自由进入密西西比河。1818年签署和批准的《1818年条约》，接受北纬49°作为路易斯安那州的北部界线，并且规定"位于美国西北海岸、斯托尼山脉以西的任何领域，无论是归属英国还是美国"都应对两国民众"自由开放"。《1818年条约》的有效期为十年，不损害英国或美国任何一方对本国任何地区的主张，也不影响任何其他国家的主张。

19世纪20年代，华盛顿政府开始把注意力转向俄勒冈。1821年，弗吉尼亚国会议员约翰·弗洛伊德对俄勒冈问题产生兴趣，并且任命了一个委员会，由他本人担任主席，审议和报告占领哥伦比亚河流域的方法。经过一系列的失败后，

詹姆斯·门罗

约翰·弗洛伊德最终得到了总统詹姆斯·门罗的支持。1824年12月23日,众议院以113票比57票的投票结果通过了占领俄勒冈的相关法案,但该法案在参议院没有获得通过。1828年到1829年的会议期间,尽管许多想移民的人请愿敦促,但另一项关于占领俄勒冈的法案还是以99票比75票的结果被众议院否决。

1824年,与俄罗斯帝国缔结条约后,美国政府同意从北纬54°40′以南的地区撤军,并且立即与英国政府谈判,以调整英国与美国相互冲突的领土主张。英国提出将北纬49°作为分界线,即从落基山脉向西到达落基山脉与哥伦比亚河最东北部分支的交叉处,以及从哥伦比亚河航道到太平洋,允许英国与美国民众在哥伦比亚河自由通航。美国政府则提出从落基山脉到太平洋的整段距离以北纬49°作为分界线。1826年,英国再次提出这项提议,并且做出了一定的让步,即如果哥伦比亚河到北纬49°这条航线可以使用,那么从哥伦比亚河通向海洋的航线要对英国人免费开放。英国还是坚持1824年的提议,只是增加了一块独立的领土,其中,包括胡安·德·富卡海峡的一个港口。直到1827年,英国和美国的谈判以无限期延长《1818年条约》而告终,并且英国和美国达成共识,任何一方均有权通知对方一年后终止条约。这件事就此搁置,直到《1818年条约》在美国引起普遍不满。《韦伯斯特-阿什伯顿条约》未能解决西北边界问题,让人感到很失望,这是引起骚动的一个原因,但人们认为最好不要引入俄勒冈这个话题,因为那样会使《1818年条约》的谈判变得更加复杂。

与此同时,美国皮毛公司的威廉·亨利·阿什利和落基山皮毛公司的杰迪代亚·史密斯带领的美国陆路探险家和皮毛商人进一步推动了由梅里韦瑟·刘易斯上尉和威廉·克拉克少尉开始的探险考察工作。威廉·亨利·阿什利和杰迪代亚·史密斯发现了山路,还在地图上做了标示。关于随后的定居者和他们的工作,前文我们已做简要说明。国会中,殖民运动为俄勒冈问题注入了一丝生机。1838年,与众议院的约翰·弗洛伊德类似,密苏里州参议员刘易斯·F.林开始关注俄勒冈问题。在此过程中,1841年12月16日,刘易斯·F.林提出了一项法案,规定从密苏里州到俄勒冈建立一系列要塞,并且还要建立要塞保护哥伦比亚河河口;另外,为每位18岁及以上的男性移民提供一份土地。1843年2月3日,在参议院,该法案以24票比22票获得通过。不过,在众议院该法案没有获得通过。然而,俄勒冈移民非常激动,他们急切地盼望通过该法案。

关于占领俄勒冈的各项法案,国会参议院与众议院进行的辩论非常有趣,因为这反映了当时人们对俄勒冈和确保占领俄勒冈采取措施的观点。赞成者强调考虑商业利益和抵抗英国入侵。反对者则担心这样做会发展独立的西部利益,并且担心流失现在各州和各领地的人口。此外,反对者还强调殖民制度与美国的政治原则不相容,以及俄勒冈本身价值并不大。1828年,田纳西州的詹姆斯·诺克斯·波尔克认为,应建立一个领地政府,执行税收法律,并且向定居者授予土地。这些违反了当时与英国签订的已生效的条约,但能驳回所有争论。与此同时,让整个俄勒冈满意的呼声没有出现。

事实上,俄勒冈境内人口增长是俄勒冈问题最严重的一个地方。这为国会坚持对不利主张做最终调整提供了最好的理由。只要占领俄勒冈的都是皮毛商人,并且几乎都是英国人,那么无论是在地方上还是在国际上,都有可能避免产生严重的摩擦。然而,美国移民的到来使人们确信,除非划定边界并为移民设立专门政府,否则在同一块领土上,不同利益群体迟早会发生冲突,并且可能引发战争。这种情况没有发生,并且还来得及达成一项协议来阻止这种情况的发生,是因为对俄勒冈的占领并不像《1818年条约》条款表明的那样,美国定居者与英国人全面混合。哥伦比亚河实际上是一条分界线。英国人主要位于哥伦比亚河北部,而美国人则主要位于哥伦比亚河南部。1838年,30名居民签署并递交了一份请愿书,请求美国国会延长对俄勒冈的管辖权。这30名居民中,10人与传教士有关联,9人是法裔加拿大人。1840年,又有一份类似的请愿书递交给美国国会,呼吁国会在俄勒冈建立一个领地政府。这份请愿书上署名的67人自称为"美国公民,或者希望成为美国公民"。

对来自美国的移民来说,有必要实行一定形式的地方自治。如果不努力提供这种自治,那么就不要期望这些移民会长久地待在俄勒冈。1841年,俄勒冈的一个移民去世后,留下了一大笔遗产,但他没有留下遗嘱规定该如何处理这些遗产。根据一个财产代管人在葬礼上的呼吁,1841年2月17日和1841年2月18日,在威拉米特的卫理公会传教所举行了一次会议,"哥伦比亚河以南的几乎所有成年男性居民都出席了会议"。会议选出了一名法官和其他官员,不包括州长。此外,会议还任命一个委员会起草一部法典。后来,在俄勒冈,这项实行自治的行动暂停了一段时间。这一部分原因是定居者对自治行动的忽视,另一部分原因是受探险队军官查尔斯·威尔克斯的影响。然而,1842年,因为伊莱贾·怀特医生的到来,以及美国政府组建委员会作为印第安事务的副代理,这项自治的行动重新开始进行。因此,1843年5月2日,俄勒冈定居者在尚波伊举行会议,讨论下一步行动。尽管出现反对意见,俄勒冈定居者还是决定继续组织这次会议,并且选出了一些官员。1843年7月5日,同样是在尚波伊,俄勒冈定居者又举行了一次会议。此次会议通过了一部临时政府宪法。该临时政府宪法一直存在，直到美国政府扩大对殖民地的管辖权。在"领土"范围内，该临时政府宪法禁止实行奴隶制；在"没有其他规定"的情况下，采用艾奥瓦州的法律，只要这些法律在适用范围内，就同样适用于俄勒冈政府。

1843年，约翰·弗洛伊德和助手的努力开始取得巨大成效。各州议会和民众要求占领俄勒冈的请愿书开始源源不断地涌向美国国会。向西南扩张遭到了反奴隶制分子的激烈反对。于是，向西南扩张与向西北扩张的势力联合起来，这样两者都可以更好地进行下去。西南和西北的动乱仍在继续，并且愈演愈烈。直到1844年全国代表大会召开时，美国人民才被彻底唤醒。在这种情况下，就不难理解辉格党纲领的怯懦逃避，亨利·克莱的含糊其辞，以及支持"重新占领"和"重新兼并"的民主党言论。不久，美国得到英国的回复。英国政府虽然大体上语气还算缓和，但态度十分坚定，并且带有明显的挑衅意味。

如果1844年民主党纲领建议"重新占领"俄勒冈，并且由美国政府的一项法案直接完成，那么"重新占领"这个词就不适用了，因为以前不曾有过这样的法案。阿斯托里亚确实是哥伦比亚河下游地区第一个永久殖民地定居点。然而，该定居点从事的事务处于一个民间协会的掌控下，目的是保护哥伦比亚河下游地区的贸易，而不是占有领土。在英国和西班牙政府就努特卡海湾问题达成的最终协议中，有条款显示，英国不希望看到任何国家的民众在哥伦比亚河下游地区定居。然而，1805年以后，英国人开始建立贸易站，并且数量不断增加，一直持续到美国移民潮真正到来时。到1844年，移民工作进行得很顺利。"重新占领"实际上是在没有任何政党帮助或鼓励的情况下进行的。

1844年9月，英国与美国又进行了一场谈判，试图解决俄勒冈问题。英国以更加宽松的条件再次提出1826年的建议，但遭到美国拒绝。当时，英国驻华盛顿大使理查德·帕克南提议仲裁，也遭到拒绝。詹姆斯·诺克斯·波尔克的总统就职演说预示着他对民主党纲领宣称的主张采取了坚定的立场。1845年7月12日，在詹姆斯·诺克斯·波尔克的领导下，国务卿詹姆斯·布坎南再次提出北纬49°的分界线问题，但这次没有提及在哥伦比亚河自由通航的事。1845年7月29日，理查德·帕克南拒绝了关于北纬49°的提议，他并未请示英国政府，并且措辞十分无礼。1845年8月30日，谈判因北纬49°的提议被撤回而暂时告一段落。

当时，俄勒冈的形势不容乐观。英国一直坚决拒绝接受北纬49°的妥协提议。对美国来说，撤回这一提议可能意味着爆发战争，这引发了极大的焦虑。全国上下响起了"占领整个俄勒冈，否则谁也别想得到"及"北纬54°40′，否则就是战争"的口号。1845年7月12日，国务卿詹姆斯·布坎南提议放弃占领俄勒冈。总统詹姆斯·诺克斯·波尔克声称这是为了尊重前任的行动。然而，1845年8月30日北纬49°的提议被撤回，是为了恢复以前的政策。国务卿詹姆斯·布坎南不确定，在美国与墨西哥关系如此不稳定的情况下，向英国提出这个问题是否合适。不过，詹姆斯·诺克斯·波尔克认为没有理由再拖延下去。

1845年12月2日，詹姆斯·诺克斯·波尔克首次发表年度咨文。在演说中，詹姆斯·诺克斯·波尔克很直接地表达了自己的想法。他暗示，根据购买路易斯安那的条约，美国对得克萨斯的西部边界拥有主权。除了承诺"重新兼并"，詹姆斯·诺克斯·波尔克还建议，采取各种措施，坚决主张拥有整个俄勒冈的主权，决不妥协。首先，美国提供相应的法律条款，向英国发出通知，要求英国一年后终止《1827年条约》。其次，实施一些国会广泛讨论过的建议，包括扩大美国对俄勒冈定居者的法律管辖权；在落基山脉以外建立印第安人机构和分支机构，为俄勒冈小径[①]提供军事保护；建立从俄勒冈到太平洋的陆路邮政。

国会虽然受到利益和不同思想的强烈鼓动，但仍然支持詹姆斯·诺克斯·波尔克的决定。确实有一些激进的西部人很难被说服。有一次，在参议院，北卡罗莱纳州的约翰·海伍德暗示，詹姆斯·诺克斯·波尔克在讲话时虽然语气不一样了，但可能仍然支持妥协于以北纬49°为界。对此，印第安纳州的爱德华·A.汉尼根进行了猛烈的抨击。爱德华·A.汉尼根指责道，由于南方人已拥有得克萨斯，就对俄勒冈漠不关心。他声称，如果约翰·海伍德能够代表詹姆斯·诺克斯·波尔克，那么"詹姆斯·诺克斯·波尔克就是满口谎言，并且心存恶意"。大多数人虽然不像爱德华·A.汉尼根那样极端，但想要占有俄勒冈的决心几乎不亚于詹姆

---

① 俄勒冈小径，美国一条东西长2710英里的移民小道，它将密苏里河与俄勒冈州的山谷连接起来。——译者注

斯·诺克斯·波尔克。不久，参议院和众议院开始出现一些法案和提案，主要的关注点集中在为终止《1827年条约》作出通知上。1846年1月5日，一个为终止《1827年条约》作出通知的提案提交到众议院，成为对俄勒冈问题采取行动的基础。经过长时间的辩论，1846年4月23日，最终参议院以42票比10票的投票结果，众议院以142票比46票的投票结果通过了这个提案。为终止《1827年条约》作出通知的提案最初只是简单规定，詹姆斯·诺克斯·波尔克应立即向英国发出通知，终止《1827年条约》。然而，在提案通过前，该规定修改为授权詹姆斯·诺克斯·波尔克自行决定何时向英国政府发出通知。詹姆斯·诺克斯·波尔克迅速签署了该提案，并且于1846年5月21日向英国政府发出通知，终止《1827年条约》。

与此同时，关于俄勒冈问题的谈判已重新开始。对理查德·帕克南仓促拒绝北纬49°的提议，英国政府表示不满，并且于1845年10月下旬开始争取重新提出提议。詹姆斯·诺克斯·波尔克拒绝更改北纬49°的提议。然而，1846年2月26日，在给美国驻伦敦大使路易·麦克莱恩的一份急件中，国务卿詹姆斯·布坎南暗示，如果北纬49°这一提议出自英国，那么将予以考虑。1846年6月6日，《俄勒冈条约》草案初步成形。1846年6月10日，詹姆斯·诺克斯·波尔克违反惯例，在签署《俄勒冈条约》前将它提交至参议院审议。参议院以37票比12票的结果建议接受《俄勒冈条约》，随后又以41票比14票的结果批准了该条约。

1846年7月17日，英国政府和美国政府共同批准了《俄勒冈条约》，规定美国和英国在俄勒冈的领土以北纬49°为界。这条分界线从落基山脉到分隔温哥华岛与大陆的海峡中间，然后沿海峡中部和胡安·德·富卡海峡向南延伸到太平洋。经过德皇威廉一世1872年仲裁，直到1873年，《俄勒冈条约》规定的水域边界才最终确定下来。

令人高兴的是，在没有发动战争的情况下，这个边界问题得到了解决。如果认为是政府的决策发挥了作用，那么真

德皇威廉一世

第 11 章 俄勒冈争议的调解（1827 年至 1846 年）

是一个可悲的误会。尽管前任总统约翰·泰勒提出了以北纬49°为界的提议，但最终是詹姆斯·诺克斯·波尔克无视自己当选时的民主党纲领，在提议被拒绝和撤回后的几个月内立场坚定，并且一直拒绝詹姆斯·布坎南的请求，直到最终签订《俄勒冈条约》。因为詹姆斯·布坎南希望向英国暗示，在同样的基础上重新开始谈判的提议不会引起异议。人们无法相信，詹姆斯·诺克斯·波尔克只是为了准备与墨西哥开战，而急于调解与英国的争端。詹姆斯·诺克斯·波尔克如此咄咄逼人，让人不敢有丝毫的懈怠。毫无疑问，美国整装待发，已准备好战斗。在美国比较弱小的时候，英国曾两次与之交手，但并未获得什么好处。面对愤怒的美国，英国不得不从世界政治的角度来处理微妙、复杂的局势。因此，英国决定采用和解的方式，尽管这不符合其惯例。值得称赞的是，英国最终未决定以流血战争的方式来解决俄勒冈问题。

第 12 章

财政整顿与关税调整

（1841年至1846年）

精彩看点

辉格党与约翰·泰勒的分歧——《独立国库法案》——《妥协关税法》——国家财政赤字——临时性关税法案与永久性关税法案——关税的调整——《沃克关税法案》

辉格党和约翰·泰勒争论的一个不利结果是，收集、保存和支出公共资金的制度失去立法基础。多年来，该制度一直建立在不太可靠的行政决议和意志基础上。此外，这种不好的影响险些蔓延到整个国家收入和税收体系中，而这个体系是政府赖以生存的基础。事实上，美国的政治体制很少能像约翰·泰勒执政时那样，经受如此严峻的考验，也没有一个时期的政治体制能很好地经受住压力。考虑到辉格党极有可能预测到约翰·泰勒的行动，因而在危急关头，它拒绝对约翰·泰勒的顾虑和判断做任何让步，这一政策似乎有些鲁莽。

辉格党也给自己制造了困难。从一开始，辉格党就进入死胡同，即必须消除自己与约翰·泰勒的分歧，直至其中任何一方投降。1841年6月7日，亨利·克莱提交给参议院的提案包括以下措施：第一项是废除独立财政部；第二项是设立银行以取代独立国库；第三项是通过征税为政府筹集足够的资金；第四项是对公共土地收益的"预期"分配。亨利·克莱的提案与约翰·泰勒在1841年6月1日的咨文中表达的观点似乎达成了一致，但约翰·泰勒谨慎回避，没有给出任何具体的建议。约翰·泰勒陈述的观点非常有说服力，足以让大家猜到，他会以国会多数人提出的形式来反对辉格党的政策。随后，约翰·泰勒和辉格党的争论主要集中在国家银行问题上。然而，争论最终也扩展到分配问题上，因为分配问题影响到进口税收的水平。人们尝试对亨利·克莱提出的不同措施排序。其中，一些措施的通过，显然是为了给其他措施创造必要条件。对这些措施排序的做法会让辉格党与总统约翰·泰勒、民主党人发生矛盾。比亨利·克莱更有远见的领导人本可以小心地避免这种轻率行为的发生。虽然没有直接影响到整个国家，但辉格党的命运被交到约翰·泰勒的手中，并且它向约翰·泰勒发起挑战，要求约翰·泰勒承担它的损失。

1840年的《独立国库法案》规定，政府的资金应收取并保存在纽约、费城、波士顿、查尔斯顿、圣路易斯和新奥尔良等地的银行金库中。该法案还规定，1843年6月30日后，所有的收支应以金银的形式完成。因此，政府处理资金的计划与旨在改善货币体系的措施相结合。这是《独立国库法案》最具争议的一点，引起了各州银行及银行赞助者的反对。

这项关于独立国库的计划实施了一年多。无论是因为自身的优势，还是仅仅因为有利的条件，这项独立国库的计划运作良好。反对者曾预言独立国库的计划会带来灾难，但这些预言并没有实现。与此同时，辉格党高呼自己要胜利，并且高喊："打倒马丁·范·布伦主义！"辉格党一刻也不能容忍马丁·范·布伦提出的这项用独立国库取代国家银行的计划。在向第二十七届国会提交的第一次咨文中,约翰·泰勒声称,独立国库计划受到了公众的明确谴责。这绝不是毫无根据的声明。在威廉·亨利·哈里森召集的特别会议开幕式上,当时约翰·泰勒已成为新总统,亨利·克莱立即提出废除关于独立国库计划的法案。1841年8月13日,该法案成为一项法律。因此,由马丁·范·布伦引起的财政混乱得以纠正,而他牺牲了自己的政治前途。辉格党没能重新成立另一家国家银行,也没有采取任何进一步的补救措施,并且政府在近五年的时间里一直没有合法的存款体系。

随着民主党开始执政,国库这个话题自然又被提起。在首次年度咨文中,詹姆斯·诺克斯·波尔克建议国会建立一个"宪法允许的"国库,并且声称这个国库是"公共资金的安全保管机构,没有任何权力发放贷款、贴现,或发行货币",并且该国库应"独立于所有银行企业"。根据这项建议,1846年8月6日,国会通过了一项重新建立独立国库的法律,并且获得詹姆斯·诺克斯·波尔克的批准。这项关于独立国库的法律再现了1840年通过的《独立国库法案》最重要的特点,即规定了相同的存款中心和处理货币的一般制度,但国库可以接收与支出债券与金银。政府资金由接管人妥善保管,不得用来借贷或存入银行。

该国库系统再次投入试运行,并且运转多年。事实表明,它的设立非常成功。试运行阶段表明,该独立国库法存在一些缺陷,如缺乏令人满意的资金管理规定,并且没有拨款支付资金转移的费用或提供一些必要官员的薪金。此外,该独立国库法还需设法克服银行的反对。然而，国库体系逐渐得到完善和加强，足以应对与墨西哥交战的紧急情况和1857年金融危机。与日俱增的内战压力迫使政府与银行重新建立联系，并且建立了现行国家银行体系。不过，值得注意的是，公共财政体系仍然处于政府的控制下。

独立国库最终建立前，与之密切相关的关税问题得到了解决。在邦联制时期，出于嫉妒，各州阻止国会征税。后来，宪法赋予国会这项权力。这样做的最初目的是获得税收利益。然而，1812年战争期间，以及随后几年，制造工业的发展使税收保护政策得以通过。1828年，"可憎关税"的通过及它对保护原则的极端滥用，导致南卡罗来纳州威胁要在其境内废除该关税。1833年，国会通过了《妥协关税法》，使问题得到解决。根据《妥协关税法》，所有超过20%的超额关税，应按下列要求逐步降低，即分别于1834年1月1日、1836年1月1日、1838年1月1日和1840年1月1日各削减十分之一；1842年1月1日削减十分之三；1842年7月1日再削减十分之三。

1841年，在辉格党开始执政时，1833年的《妥协关税法》仍然有效。在第二十七届国会特别会议开幕式上，约翰·泰勒发表讲话，表示1833年的《妥协关税法》"除非在紧急情况下，否则不应改动，而目前不存在这种紧急情况"。然而，1828年关税问题已与党派政治牵扯到一起，现在关税问题比以往任何时候都呈现出更完全的政治伪装。在约翰·泰勒与辉格党发生争论的过程中，他曾试图重新调整关税问题。1841年6月7日，亨利·克莱提出了一系列提案来解决关税问题，其中，包括"通过征收关税为政府提供足够的收入"。此外，应注意到，亨利·克莱的提案还包括"公共土地收益预期分配"。约翰·泰勒非常谨慎地批准了该提案，以减轻各州承受的巨大财政压力，但前提是不涉及增加关税，不违反1833年的《妥协关税法》。

根据亨利·克莱的提案，特别会议通过了一项扩大关税来增加税收的法案，并且于1841年9月11日获得总统约翰·泰勒的批准。然而，扩大关税的办法是，对许多当时支付低于上限或完全免费的商品征收20%的关税，这将是《妥协关税法》的最高限额。另一项法案规定了公共土地收益的分配问题，但前提是，如果关税提高到《妥协关税法》的最高限额以上，那么该法案应暂停执行。托马斯·哈特·本顿声称，特别会议提出的银行法案和分配法案都是通过承认制定破产法才获得通过的。破产法并不在亨利·克莱的提案中，但得到了众多破产者的支持。

1841年12月，国会召开常会时，整个国家的财政状况不容乐观。财政部部长沃尔特·福沃德的报告指出，1841年的财政总收入超过3 000万美元，其中，近一半来自国库券和贷款。1841年，财政赤字超过60万美元；1842年，财政赤字超过1 400万美元。在年度咨文中，约翰·泰勒没有提出任何明确的建议，但在1842年3月25日的一份特别咨文中，他表示相信国会会发现有必要将关税提高到20%以上，并且对这种做法表示遗憾，因为它会妨碍1841年用扩大关税来增加税收的法案所提出的分配方案。

国会中的多数辉格党人虽然不愿意遵从约翰·泰勒的建

议，但因为别无选择，最终还是被迫按照这一建议行事。尽管约翰·泰勒一再敦促，但直到1842年6月，国会才通过一项税收法案。1842年6月初，两项法案被提交至众议院：一项是永久性关税法案；另一项是临时性关税法案。临时性关税法案显然是为了满足大多数人的想法。除非获得新的法律授权，否则，依据1833年的《妥协关税法》，国会无法征收任何关税。1833年《妥协关税法》规定于1842年7月1日实行最后一次关税削减，而这项临时性关税法案将其推迟至1842年8月1日实行。该项临时性关税法案还确定于1842年8月1日进行最后分配，尽管许多关税仍高于20%的标准。整个过程名义上是为了延长时间，以便通过永久性关税法案。然而，拖延似乎已成为政治博弈的一部分。这给约翰·泰勒带来困难，同时让辉格党背上沉重的负担。1842年6月25日，这项被称为"黑色关税"的永久性关税法案获得通过。1842年6月29日，对该关税法案，约翰·泰勒行使了否决权，理由是这项法案会切断当时急需的收入来源，并且它既违反了1833年的《妥协关税法》，也违反了临时性关税法案中的分配方案。事实上，在1842年3月25日的电文中，约翰·泰勒建议，推行沃尔特·福沃德在1842年3月8日电文所附报告中提出的建议，将公共土地的收益作为抵押，用来为必要的贷款提供担保。这项建议最终被纳入1842年4月15日的一项决议中。然而，在发出否决通知几天前，约翰·泰勒收到司法部部长休·S.莱加列的建议，大意是1833年的《妥协关税法》确定的关税于1842年6月30日后可以征收。1842年8月5日，永久性关税法案，即"黑色关税"已准备好，等待约翰·泰勒审议。然而，1842年8月9日，约翰·泰勒没有签字，他直接退回了这项永久性关税法案。对该法案，约翰·泰勒的主要反对意见是，它虽然把关税提高到20%以上的水平，但仍然规定了分配方案。

永久性关税法案否决案被提交给由约翰·昆西·亚当斯领导的一个特别委员会。1842年8月16日，该委员会对此事提出报告。这份报告由委员会主席约翰·昆西·亚当斯和其他9名辉格党成员签署。他们审查了约翰·泰勒和国会的关系，并且以最强烈的措辞谴责了约翰·泰勒的做法；另外，他们提出一项决议，建议修改宪法，只需要多数投票就能够通过法案，而不会被行政部门否决。此外，还有两份少数人做出的报告被提交，一份是由两名民主党人签署的，另一份是约翰·泰勒所属辉格党的一名"下士警卫"签署的"抗议和反驳报告"。这两份报告都为总统约翰·泰勒辩护，并且认为将永久性关税法案提交审议是不恰当的。由多数人做出的那份报告以98票比90票的投票结果获得通过。后来，约翰·泰勒亲自向众议院发出抗议，但这一抗议没有被记录在议事录上。

与此同时，约翰·泰勒已赢得这场战斗。对辉格党来说，他们如果没有通过某种税收措施，那么就无法面对选民。最终，辉格党打破常规，允许一项没有分配条款的法案获得通过。辉格党中的大多数人投了赞成票。此外，还有足够多的民主党人加入辉格党的队伍。在众议院和参议院，该法案最终分别获得了超过2票和1票的多数赞成票。1842年8月30日，即总统约翰·泰勒对批评他的否决权提出抗议的同一天，他签署了这项永久性关税法案，暴风雨般的争论就此结束。

1842年的永久性关税法案令全国大多数的贸易保护主义者十分满意。该法案将进口关税大致提高到1832年的水平，并且对各种重要物品都规定了足够高的具体关税。

1844年，民主党获胜后不久，又调整了一次关税。民主党的纲领宣称积极反对分配，反对发展"一个工业部门却损害另一个工业部门"的局面出现。不过，其措辞含糊，定义不够明确。然而，在公众心目中，当贸易保护问题明确代表农业和制造业的利益斗争时，这项纲领可能在当时比在今天具有更明确的意义。在就职演说中，詹姆斯·诺克斯·波尔克强调了这一点，并且宣布反对关税保护而不是反对税收。在第一次年度咨文中，詹姆斯·诺克斯·波尔克重申了自己的观点，将税收标准定义为：禁止将关税提高到关税收益开始减少的标准。他还谴责1842年的永久性关税法案不符合这项标准，建议重新修订，以从价计税代替具体关税。1845年12月，在向国会提交报告的同时，财政部部长罗伯特·J.沃克巧妙地审查了整个事件，并且提出了与詹姆斯·诺克斯·波尔克观点一致的建议。

由于其他问题带来的压力，特别是关于废除《俄勒冈条约》的通知，关税的实施有所延迟。然而，最终根据罗伯特·J.沃克提供的信息和报告，并且在与国会委员会进行适当商议后，一项法案于1846年4月14日被提交至众议院，并且于1846年6月开始展开正式讨论。尽管遭到了西蒙·卡梅伦、詹姆斯·汤普森等人的反对，该法案最终还是获得通

西蒙·卡梅伦

过,并且于1846年7月30日获得总统詹姆斯·诺克斯·波尔克的批准。

1846年7月30日获得批准的这项法案通常被称为《沃克关税法案》。该法案将涉及的商品分为9个清单,以字母A到I进行区分。清单A包括白兰地、烈酒等物品,从价计征100%的关税;清单B包括香料、蜜饯果脯、熏肉、上等木制品、烟草、葡萄酒等物品,从价计征40%的关税;清单C、D、E和F中包括大多数商业产品,分别应支付30%、25%、20%和

15%的关税；清单G包括书籍、宝石、手表等，应支付10%的关税；清单H包括未加工或只适合再加工的商品，应支付5%的关税；清单I包括金银、硬币、铜面板、茶叶、咖啡、调味品等，均免税。

  《沃克关税法案》虽然没有实现自由贸易，但无疑是朝着这个方向迈出了一步。直到1857年，《沃克关税法案》仍然有效。1857年，由于当时收入过高，使关税再次降低。如果不是因为美国内战急需增加财政收入，那么很难说这种反对贸易保护的趋势会持续多久。1846年到1857年，美国经济非常繁荣。不过，引起这种繁荣现象的原因太多，很难说清楚这种经济繁荣在多大程度上是由降低关税带来的。然而，关税政策无疑是其中的一个重要原因。

○ 1844年9月4日在罗得岛普罗维登斯举行的支持被监禁的托马斯·威尔逊·多尔的"民主和多尔大群众会议"

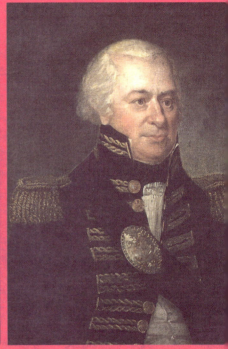

○ 米格尔·伊达尔戈·伊·科斯蒂利亚（左）
○ 詹姆斯·威尔金森（右）
约翰·卫斯理·贾维斯（John Wesley Jarvis, 1781—1839）绘

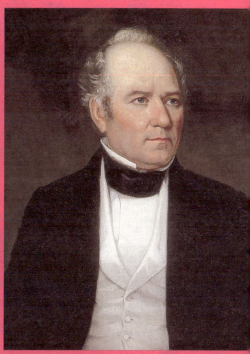

○ 维森特·格雷罗（左）
○ 山姆·休斯顿（右）

○ 圣哈辛托战役中,墨西哥总统率军向受伤的山姆·休斯顿投降
威廉·亨利·胡德尔(William Henry Huddle, 1847—1892)绘

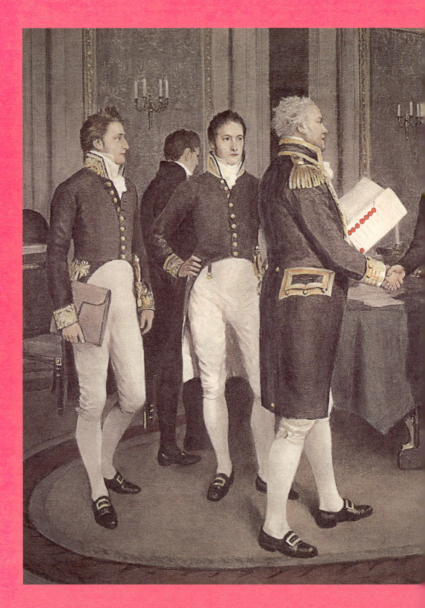

○ 1812年战争后,美英双方签订《根特条约》

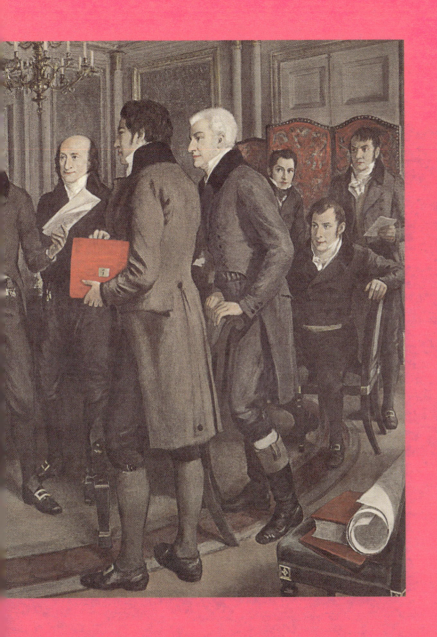

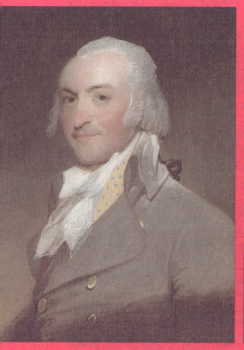 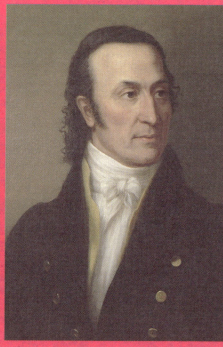

○ 约翰·雅各布·阿斯特（左）
吉尔伯特·斯图亚特（Gilbert Stuart，1755—1828）绘
○ 约翰·弗洛伊德（右）
绘者信息不详

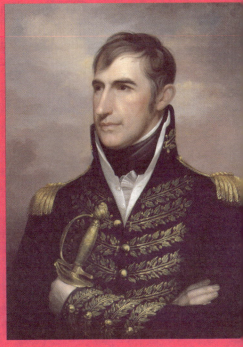

○ 约翰·亚当斯（左）
吉尔伯特·斯图亚特（Gilbert Stuart，1755—1828）绘
○ 威廉·亨利·哈里森（右）
伦勃朗·皮尔（Rembrandt Peale，1778—1860）绘

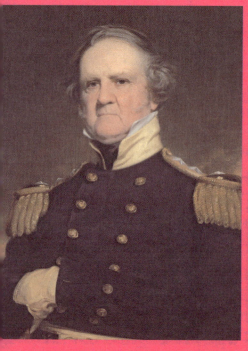 

○ 温菲尔德·斯科特（左）
  罗伯特·瓦尔特·魏尔（Robert Walter Weir, 1803—1889）绘
○ 理查德·门特·约翰逊（右）
  约翰·尼格尔（John Neagle, 1796—1865）绘

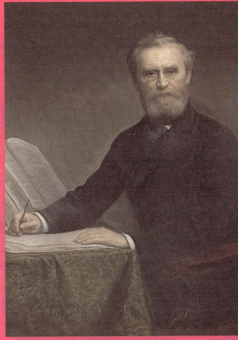

○ 詹姆斯·吉莱斯皮·伯尼（左）
○ 卡尔·舒尔茨（右）
　丹尼尔·亨廷顿（Daniel Huntington，1816—1906）绘

○ 19世纪初期的新奥尔良

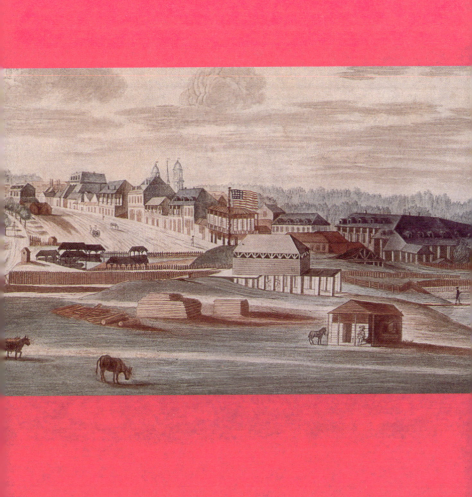

○ 1807年，阿伦·伯尔试图从美国逃往西班牙时因叛国罪被捕

○ 拿破仑·波拿巴向美国代表提交路易斯安那交易案的副本

○ 19世纪中期的旧金山

○ "熊旗起义",熊旗在索诺马升起

○ 1842年,约翰·C.弗里蒙特在落基山脉插上美国国旗

○ 第二次探险期间,约翰·C.弗里蒙特抵达金字塔湖

○ 美墨战争中的帕洛阿尔托战役

○ 美墨战争中,美军进攻蒙特雷

○ 美墨战争中,美国舰队轰炸韦拉克鲁斯

○ 美墨战争中,塞罗戈多战场上的美军

○ 美墨战争中,美军在塞罗戈多战场与墨西哥军交战

○ 美墨战争中的孔特雷拉斯战役

○ 美墨战争中的丘鲁武斯科战役

○ 美墨战争中,美军攻进查普尔特佩克

○ 美墨战争中,美军进入墨西哥城

○ 逃亡的奴隶被捕

第 13 章

美国与墨西哥关系破裂

（1843年至1846年）

精彩看点

美国向墨西哥政府索赔——驻墨西哥大使波瓦坦·埃利斯的索赔清单——委员会批准的索赔金额——美国人民对得克萨斯人民的援助——托马斯·艾普·凯茨比·琼斯侵犯墨西哥领土——美国兼并得克萨斯共和国——扎卡里·泰勒进驻得克萨斯——美国与墨西哥的第一次冲突

得克萨斯共和国被美国兼并后，墨西哥立即断绝了与美国的外交关系。1843年，兼并得克萨斯共和国的问题被重新提出时，墨西哥官员的言论就预示了这样的结果。然而，自1821年墨西哥独立后，墨西哥和美国的关系一直难以调和。只要简单回顾一下美国和墨西哥的分歧如何日益扩大，就会更清楚1845年美国和墨西哥关系破裂时的情况。美国和墨西哥的摩擦主要涉及四个问题：美国公民对墨西哥政府的索赔；美国人民给予得克萨斯人民的援助；美国军队侵犯墨西哥领土；美国兼并得克萨斯共和国。

很大程度上，美国对墨西哥政府的索赔要求是基于实际的或宣称的侵犯，或者是基于索赔者在墨西哥受到的人身危险和财产危险。美国人民提出的要求之所以很难进行外交调解，是因为他们依据的事实是，作为一个独立的国家，美国自诞生以来就长期处于革命状态。1826年，通过官方渠道，有人向墨西哥政府投诉，属于美国公民的船遭到非法扣押和出售。1835年1月5日，美国总统安德鲁·杰克逊向众议院转达了一份由国务卿约翰·福赛思写的报告。报告称,由于墨西哥局势动荡,关于这个问题的谈判一直没有取得成功,但有很大希望获得解决。1836年,美国和墨西哥关系的破裂降低了当时达成和解的可能性。然而,在1836年12月5日的年度咨文中,安德鲁·杰克逊仍然希望能够避免再次向国会提出关于美国和墨西哥关系的问题。

然而,在安德鲁·杰克逊提出这份年度咨文时,墨西哥城的谈判正面临一场危机。在这场危机中,和平调解的希望比以往任何时候都渺茫。1836年7月20日,美国国务院向美国驻墨西哥大使波瓦坦·埃利斯提交了一份索赔清单,指示

波瓦坦·埃利斯

他索赔。波瓦坦·埃利斯如果在三个星期内没有得到满意答复，那么需将此事通知墨西哥政府；如果两个星期后还是没有得到满意答复，那么就应向墨西哥政府要求取回自己的护照。1836年9月26日，在一封措辞强硬的信中，波瓦坦·埃利斯向墨西哥政府提出索赔。1836年10月20日，由于没有得到答复，波瓦坦·埃利斯再次写信，他声称，如果不能立即得到赔偿，那么他以美国驻墨西哥大使这一身份继续待在墨西哥将毫无意义。

1836年10月21日，墨西哥外交事务部代理部长何塞·玛利亚·奥尔蒂斯·莫纳斯泰里奥答复了波瓦坦·埃利斯，并且表示墨西哥政府不理解延迟发出照会为何会导致与美国的关系破裂。何塞·玛利亚·奥尔蒂斯·莫纳斯泰里奥声称，此次延迟是由于必须收集信息，在收集和审查完必要的信息后，会尽快给出答复。1836年11月4日，波瓦坦·埃利斯通知墨西哥政府，如果两个星期内没有得到满意的答复，那么他将要求取回自己的护照。1836年11月15日，何塞·玛利亚·奥尔蒂斯·莫纳斯泰里奥给出答复。1836年12月7日，通过一封冗长的信，波瓦坦·埃利斯宣布对取得令人满意的调解不抱任何希望，并且再次提出要取回护照，以此威胁墨西哥政府。由于墨西哥驻美国大使胡安·阿尔蒙特已从华盛顿撤出，波瓦坦·埃利斯的行为使美国和墨西哥当时的外交关系一度彻底破裂。1837年2月6日，安德鲁·杰克逊向众议院递交波瓦坦·埃利斯的信，建议国会通过一项法案来授权采取报复行动，以防墨西哥拒绝和平调解的要求。当然，要达成这种和平调解必须依靠美国军舰。

对墨西哥采取积极行动的政策，并不能表明安德鲁·杰克逊已下定决心要发动战争。毫无疑问，尽管安德鲁·杰克逊愿意开战，但波瓦坦·埃利斯可能更愿意开战。不过，随时准备战斗只是安德鲁·杰克逊的行事风格。安德鲁·杰克逊指示波瓦坦·埃利斯，如果墨西哥未能及时做出回应以满足美国的赔偿要求，那么波瓦坦·埃利斯就有权取回自己的护照。这种做法正是安德鲁·杰克逊外交手段的表现，也完全符合他的性格。我们难以想象，像安德鲁·杰克逊这样一个曾在佛罗里达处决英国公民的人[①]，在处理墨西哥人的怨恨和故意拖延时，会表现得非常宽容。1836年，安德鲁·杰克逊并没有蓄意挑起与墨西哥的战争，可能也正如1818年他没有想挑起与英国的战争一样[②]，但在这两种情况下，他都没有退缩。

虽然美国对墨西哥的索赔之中有一些毫无依据，但其是进行外交调查的原因、紧急调解的需要。1831年4月5日，美国和墨西哥缔结了一份商业条约，并且该商业条约于1832年4月5日获得批准。在为波瓦坦·埃利斯列出索赔清单时，美国国务卿约翰·福赛思只选择了商业条约缔结后出现的索赔。然而，这一系列未经调解的索赔可以追溯到更早的时候。美国和墨西哥的矛盾已持续十年，并且于1836年两国关

[①] 1817年到1818年，第一次塞米诺尔战争爆发，田纳西志愿军遭塞米诺尔人攻击。经调查后发现，西班牙人与英国人暗中帮助印第安人。安德鲁·杰克逊逮捕了两名支援印第安人并提供建议的英国公民，对他们加以审讯并处死。——译者注

[②] 指发生在佛罗里达的第一次塞米诺尔战争。——译者注

系破裂时达到顶峰。1837年2月6日，一份附有安德鲁·杰克逊特别咨文的索赔清单提交给了国会，共有46项，最早的内容可追溯到1816年。事实上，当时墨西哥还没有正式独立。然而，墨西哥官员承认，美国因为参加摆脱西班牙统治斗争的墨西哥部队提供给养而提出的索赔，或者因墨西哥部队掠夺财产提出的索赔是有效的。

对安德鲁·杰克逊的特别咨文，众议院和参议院外交委员会做出报告。报告的看法虽然大体一致，但支持以另一种方式要求赔偿。提交参议院的报告获得了一致通过，但由于时间较短，众议院似乎并未采取行动。为促成报告中建议的政策，安德鲁·杰克逊认为，在可以体面地重新开始与墨西哥进行外交来往时，将拨款支付赴墨西哥访问的费用。

马丁·范·布伦当选总统时情况就是如此。当准备好必要的文件后，马丁·范·布伦派特使曼努埃尔·爱德华多·德·戈罗斯蒂扎携带一份包含57项索赔项目的清单前往墨西哥，要求墨西哥满足自己的要求，并且不承认曼努埃尔·爱德华多·德·戈罗斯蒂扎散发手册的行为。曼努埃尔·爱德华多·德·戈罗斯蒂扎将在墨西哥停留一个星期，等待答复。1837年7月20日，曼努埃尔·爱德华多·德·戈罗斯蒂扎向墨西哥外交部部长曼努埃尔·德·拉·培尼亚·伊·培尼亚提交了这份清单。1837年7月29日，曼努埃尔·爱德华多·德·戈罗斯蒂扎收到了答复。答复保证墨西哥政府已准备就每一个索赔项目迅速做出决定，但审查文件时会仔细、审慎。

与此同时，1837年5月20日，墨西哥国会颁布了一项法令，同时授权仲裁索赔，如果美国拒绝或拖延墨西哥提出的要求，那么就报复美国。1839年4月11日，在该法令第一条款的基础上，美国与墨西哥达成了一项调解索赔的条约，并且该条约于1840年4月7日获得批准。根据这项条约，四名委员组成的委员会判决索赔。其中，两名委员来自美国，另外两名来自墨西哥。如果委员间存在分歧，那么最终决定权将交给普鲁士驻华盛顿大使弗里德里希·路德维希·冯·伦纳男爵。委员同意处理美国总额为595 462.75美元的索赔要求，批准的赔偿金额为439 393.82美元。在美国5 844 260.44美元的索赔要求中，美国委员批准了

弗里德里希·路德维希·冯·伦纳男爵

2 334 477.44美元；墨西哥委员批准了191 012.94美元；仲裁人弗里德里希·路德维希·冯·伦纳男爵判决墨西哥赔偿1 586 745.86美元。1841年，当调解索赔条约规定的18个月任期结束时，委员会解散。仲裁人弗里德里希·路德维希·冯·伦纳男爵退回了1 864 939.56美元的索赔要求，未做判决。其中，美国委员批准的索赔金额为928 627.88美元。由于金额为3 336 837.05美元的索赔提交过晚，没有得到委员会的审议。

许多文章都贬损这些索赔，其中，一些索赔被尖锐地指责为"无耻堕落的典型"。无论这种谴责在特殊情况下多么正当，都不能体现索赔的总体情况。应记住，这些索赔已被提交仲裁，至少在仲裁人判决的索赔中，可以推定这些索赔是公正的。必须承认，从裁决书颁布之日起，即使没有进一步的证据，美国也有充分的理由指控墨西哥，但仅限于已确认但未支付的索赔。

1839年调解索赔条约做出的部分调解，虽然在当时看来似乎是为了阻止战争，但没有对消除墨西哥和美国的摩擦起到任何作用。墨西哥未能支付委员会批准的索赔。1843年1月30日，美国和墨西哥又签署了一项新的条约，规定墨西哥于1843年4月30日支付判决金额的全部应计利息，剩余金额连同利息按20个分期等额付款。新的条约自1843年4月30日起生效。分期付款中有三项已支付，另外两项名义上由未兑现的汇票清偿，但墨西哥没有支付。1844年，就索赔来说，显然正迅速恢复到1839年调解索赔条约签订以前的状况。事实上，即使面对的是此种状况，墨西哥政府也无力支付这笔金额。此时，无论墨西哥政府原本打算采取何种友好的处理方式，都因与得克萨斯共和国日益加剧的摩擦而放弃。

1843年1月30日，美国与墨西哥签订的条约的第六条规定，应当签订另外一个条约来审查、决定美国政府和人民对墨西哥提出的所有未经调解的索赔，还要审查、决定"墨西哥政府和人民对美国提出的所有索赔"。因此，1843年11月20日，美国与墨西哥又签订了一项新的条约来解决未经调解的索赔。该条约规定，委员会应在墨西哥举行会议，并且应将美国政府和墨西哥政府对对方的索赔提交给委员会。美国参议院以便利和公正为由将会议地点改为华盛顿，并且以墨西哥没有对美国提出要求为由，删除了关于政府权利要求的条款。墨西哥政府没有批准这项条约，条约也未生效。1845年12月，未经调解的索赔金额正式确定为6 465 464美元。

引起摩擦的另一个原因是美国人民对得克萨斯人民的同情。关键时刻，这种同情体现在物质援助上。得克萨斯革命时期，美国人民对得克萨斯共和国提供的帮助本书前几章已提过。在华盛顿政府承认得克萨斯共和国独立后，大批移民从美国来到得克萨斯共和国，并且与得克萨斯共和国进行大量贸易往来，其中，一部分贸易物品属于战争违禁品。墨西哥反对这样的贸易往来，认为这违反了中立原则。1842年夏，就这个问题，时任美国国务卿的丹尼尔·韦伯斯特和墨西哥国务卿兼外交部部长何塞·玛利亚·德·博卡内格拉进行了通信，双方言辞尖锐。信中内容充分暴露了墨西哥人自命不凡的荒谬主张，且他们越发坚持自己的主张。

1842年10月，美国海军准将托马斯·艾普·凯茨比·琼斯轻率行事，侵犯了墨西哥领土，进一步激起了墨西哥对美国的敌意。与1836年向纳科多奇斯进军不同，此次侵犯是临时强制占领不具争议的属于墨西哥的土地。在秘鲁海岸航行时，托马斯·艾普·凯茨比·琼斯被报道误导，相信英国已购买加利福尼亚并派遣海军将其占领，还相信当时美国和墨西哥可能正在交战。托马斯·艾普·凯茨比·琼斯立刻赶往加利福尼亚海岸的蒙特雷。1842年10月20日，托马斯·艾普·凯茨比·琼斯占领蒙特雷。1842年10月21日，托马斯·艾普·凯茨比·琼斯才知道自己采取行动所依据的报道有误。为此，他只能选择把蒙特雷交还给墨西哥政府，然后离开。对这些行为，总统约翰·泰勒不承认是政府授意，但对墨西哥政府表示歉意。墨西哥驻华盛顿大使胡安·阿尔蒙特要求惩罚托马斯·艾普·凯茨比·琼斯。然而，美国的回应是，托马斯·艾普·凯茨比·琼斯"无意侮辱墨西哥政府，也无意对墨西哥公民做出任何非法行为"。

然而，1845年美国与墨西哥外交关系破裂的直接原因是因为美国兼并得克萨斯共和国。1843年夏，墨西哥城收到美国兼并得克萨斯共和国的运动重新开始的消息。1843年8月23日，墨西哥国务卿何塞·玛利亚·德·博卡内格拉给美国驻墨西哥大使小沃迪·汤普森寄去了一封信。信中，墨西哥总统安东尼奥·洛佩斯·德·桑塔·安纳向美国政府发出通知，说"墨西哥政府认为，如果美国国会通过了将得克萨斯共和国并入美国领土的法案，那么就等同于向墨西哥宣战。这一确定的事实足以立即引发战争。让文明世界来决定墨西哥人的事业是否正义。到目前为止，在这场斗争中，墨西哥人没有挑起任何战争"。

对此，小沃迪·汤普森非常不满，他立即回信质问墨西哥政府关于兼并前景的情报来源，并且拒绝做出任何解释。在给小沃迪·汤普森的另一封信中，何塞·玛利亚·德·博卡内格拉声称，关于这个问题，墨西哥政府的建议是可靠的，并且试图为墨西哥的态度做出以下辩解，"但正如可能发生的那样，野心和妄想可能会摧毁公共礼仪，个人观点可能会战胜理智和正当的想法，约翰·昆西·亚当斯和同僚认

何塞·玛利亚·德·博卡内格拉

为兼并得克萨斯共和国等同于解散联邦的论断可能无效。在这样的假设下,墨西哥宣布将美国兼并得克萨斯共和国视为宣战,怎么会是怪异的、不合常理的行为呢?"美国国务卿埃布尔·P.厄普舍赞同小沃迪·汤普森的做法,并且做出指示,如果有人再用如此无礼的态度与小沃迪·汤普森交流,那么他应要求这个人收回所说的话,或者必须道歉。

1843年11月3日,按照墨西哥政府的指示,墨西哥驻华盛顿大使胡安·阿尔蒙特写信通知埃布尔·P.厄普舍。信中,胡安·阿尔蒙特使用的言辞具有攻击性,丝毫不亚于何塞·玛利亚·德·博卡内格拉写给小沃迪·汤普森的信。信的内容是,如果美国无视善意和他们不断宣扬的正义原则,采取闻所未闻的"暴力行为",将墨西哥领土的一部分据为己有,那么胡安·阿尔蒙特会以墨西哥人的名义,并且也为了美国人,以最严肃的态度抵抗这种入侵。胡安·阿尔蒙特根据墨西哥政府的命令,宣布一旦美国行政部门批准得克萨斯共和国并入美国,他便认为自己的任务结束了,因为正如国务卿埃布尔·P.厄普舍将了解到的,墨西哥政府决定在收到兼并行动的消息后立即宣战。1843年11月8日,埃布尔·P.厄普舍做出回复,他的态度虽然很克制,但充满威严。埃布尔·P.厄普舍拒绝接受胡安·阿尔蒙特的威胁和暗示,并且表示美国的政策不会因墨西哥的行为受影响。1843年11月11日,胡安·阿尔蒙特对此做出答复,暗示埃布尔·P.厄普舍被1843年11月3日信的错误翻译误导了,并且否认把对得克萨斯共和国不切实际的看法或意图归咎于美国政府。1843年12月1日,埃布尔·P.厄普舍做出回复,认为自己没有误解胡安·阿尔蒙特的意思,并且宣布美国将得克萨斯共和国视为一个独立的国家,在处理与得克萨斯共和国相关的问题时,没必要征求其他国家的意见。

在美国兼并得克萨斯共和国后,胡安·阿尔蒙特开始实施威胁。1845年3月1日,美国国会通过联合决议。1845年3月6日,胡安·阿尔蒙特要求取回护照。1845年3月28日,美国驻墨西哥大使小沃迪·汤普森收到正式通知,两国外交往来已正式结束。墨西哥报纸上的措辞表明,墨西哥民众的情绪非常激动,并且报道认为战争已爆发。1845年6月4日和1845年6月7日,墨西哥国会通过了两项法令,并且得到了总统何塞·华金·德·埃雷拉的批准。法令规定增加兵力以抵制美国对得克萨斯的兼并。1845年7月20日,墨西哥"最高政府",即行政部门向墨西哥国会建议,政府一旦知道兼并生效或得克萨斯共和国被入侵,就立即向美国宣战。

实际上,美国和墨西哥对此都表现出极度的不耐烦,威胁要诉诸武力。因此,没必要用阴谋论来解释美国与墨西哥的战争。尽管遭到了直言不讳的少数派的强烈反对和谴责,但国会的投票和报纸的言论表明,无论是在墨西哥还是在美国,从本质上来看,这都是一场民众运动。1837年,美国与墨西哥因双方分歧濒临冲突爆发。当时,唯一能够阻止冲突发生的情形是国会比总统马丁·范·布伦更保守。如果安德鲁·杰克逊与詹姆斯·诺克斯·波尔克没有意识到自己得到了多数人的同情与支持,那么无论是他们中的哪一个,再怎么野心勃勃也不太可能最终引发冲突。关键时刻,墨西哥人的愤怒使行政部门不再倾向于采取和平的措施。

1845年5月28日，指挥西南部军队的扎卡里·泰勒接到命令，由于可能实行兼并，他要做好准备，在获得得克萨斯政府批准后进入得克萨斯共和国。在得克萨斯政府同意按照提供的条款被兼并后，扎卡里·泰勒将会收到正式通知，保护得克萨斯共和国不受任何外来力量入侵。1845年6月15日，扎卡里·泰勒奉命前进，最终目的地是得克萨斯共和国的西部边境。在西部边境，扎卡里·泰勒将"在格兰德河或附近"占有一个据点，但该据点仅限于保卫得克萨斯领土，

扎卡里·泰勒

除非墨西哥对美国宣战。随后,扎卡里·泰勒接到指示,保卫包括格兰德河以南的领土;除了爆发敌对行动,其他情况下要避免攻击墨西哥人控制的哨所,但应将己方的一部分军队部署在努埃塞斯河以西。1845年7月,扎卡里·泰勒进驻得克萨斯,并且于1845年8月,在努埃塞斯河西岸、科珀斯克里斯蒂附近建立营地。实际上,扎卡里·泰勒选择的地点不能算是格兰德河"附近",因为此地距格兰德河大约还有150英里。选择该位置,是因为这里方便作为防御或进攻行动的临时基地。

在科珀斯克里斯蒂附近的营地,美国军队驻扎了几个月。扎卡里·泰勒收集情报并向华盛顿政府做报告,表明墨西哥人没有采取任何威胁行动。1845年10月4日,扎卡里·泰勒表示,美国政府如果打算把格兰德河作为边界,那么可以通过占领河上的据点来获得优势。因此,扎卡里·泰勒建议向伊莎贝尔和拉雷多据点进军。与此同时,美国和墨西哥试图重新建立外交关系,但以失败告终。1846年1月13日,华盛顿政府收到消息,称墨西哥政府可能不会接见约翰·斯莱德尔,因此,华盛顿政府命令扎卡里·泰勒进军格兰德河。

在扎卡里·泰勒进军格兰德河前,墨西哥政府一直忽略了对格兰德河东部领土主张的正当性。墨西哥政府极力主张对得克萨斯共和国享有权利,不管得克萨斯共和国的边界线位于哪里,并且宣称美国对得克萨斯实施兼并就等同于对墨西哥宣战。从墨西哥的角度来看,扎卡里·泰勒进入得克萨斯共和国的那一刻,就是入侵墨西哥。然而,当扎卡里·泰勒向格兰德河进军时，对墨西哥宣战和入侵墨西哥的区别显示出来了。1846年4月12日，在马塔莫罗斯指挥墨西哥军队的佩德罗·德·安普迪亚将军警告扎卡里·泰勒，必须在24小时内撤退。不是像从墨西哥政府以前的态度中期望的那样，退到萨宾河以外，而是退到努埃塞斯河以外。

几天后，美国与墨西哥发生了第一次冲突。1846年4月24日，在格兰德河东岸，扎卡里·泰勒派出的一支骑兵队遭到大批墨西哥人的伏击。经历小规模战斗后，这支骑兵队多人伤亡并被俘。1846年5月9日星期六晚，这次事件的官方报道传至华盛顿政府。总统詹姆斯·诺克斯·波尔克本已决定，按照除乔治·班克罗夫特之外所有内阁成员的判断，向国会传达建议宣战的信息。此时，在阐述宣战的理由时，詹姆斯·诺克斯·波尔克宣称："墨西哥人已越过美国边界，入侵我们的领土，美国人的鲜血流淌在美国的土地上。"在内阁一致同意的情况下，1846年5月11日星期一，詹姆斯·诺克斯·波尔克向国会传达了建议宣战的信息。

1846年5月11日，众议院以174票比14票的投票结果通过了一项法案。该法案规定征募5万名士兵和拨款1 000万美元。这项法案的前言重申了总统詹姆斯·诺克斯·波尔克的主张，认为是墨西哥导致了战争爆发。该法案的一项修正案认为，该法案中任何内容都不应被视为批准总统詹姆斯·诺克斯·波尔克下令军事占领努埃塞斯河和格兰德河之间的领土，但该修正案以27票比97票的投票结果被否决。1846年5月12日，在参议院，该法案以40票比2票的投票结果获得通过。特拉华州的托马斯·克莱顿和马萨诸塞州的约翰·戴维

约翰·J.克里滕登

斯都投了反对票,他们是辉格党成员;肯塔基州的约翰·J.克里滕登和佛蒙特州的威廉·厄珀姆也是辉格党成员,他们投了赞成票,但条件是"除了前言,其他的都赞成"。两名辉格党人佐治亚州的约翰·麦克弗森·贝里恩、缅因州的乔治·埃文斯和民主党人约翰·C.卡尔霍恩拒绝投票。

美国历史学家普遍接受的观点是,得克萨斯共和国并没有延伸到努埃塞斯河以西。按照詹姆斯·诺克斯·波尔克的命令，扎卡里·泰勒进入格兰德河，确实是对墨西哥的入侵。批评者声称，詹姆斯·诺克斯·波尔克对边界的定论完全是从1836年12月19日的得克萨斯共和国法规中推导出来的，而该法规本身只是一种主张。事实上，1836年法规对得克萨斯共和国西部边界的界定，是基于安东尼奥·洛佩斯·德·桑塔·安纳被得克萨斯人囚禁期间签订的条约。该条约虽然含蓄地承认格兰德河可能是一条界线，但就边界来说，这项条约不具有决定性作用。不是因为该条约无效，而是因为其含有否定性和不确定性的条款。该条约只规定"墨西哥和得克萨斯共和国将制定一项关于通商和界线的友好条约，得克萨斯共和国的领土不得延伸到格兰德河以外"。1846年5月11日，詹姆斯·诺克斯·波尔克的宣战咨文中虽然没有提及这一点，但在以后的年度咨文中，他为命令扎卡里·泰勒进军而挑起战争的指控辩解时，确实提到了安东尼奥·洛佩斯·德·桑塔·安纳签订的该条约和1836年法规。显然，在詹姆斯·诺克斯·波尔克看来，得克萨斯共和国的领土延伸到格兰德河下游是重新兼并理论的自然推导。因为在辩解时，詹姆斯·诺克斯·波尔克声称，1819年得克萨斯地区被割让给西班牙时，包括格兰德河和努埃塞斯河之间的所有领土。詹姆斯·诺克斯·波尔克认为，扎卡里·泰勒向格兰德河进军是侵略墨西哥的这个说法不可信。在边界问题上，圣菲的情况是詹姆斯·诺克斯·波尔克难以明确态度的主要原因。

事实上，詹姆斯·诺克斯·波尔克似乎存在这样一种心态：政治制度很容易找到栖身之所，并且从中得到最坚定的支持。不过，毫无疑问，詹姆斯·诺克斯·波尔克坚信自己的目标和实现目标手段的正义性。正如日记中记录的那样，詹姆斯·诺克斯·波尔克具有坚定、正直和坚韧的品格，而亚历山大·H.斯蒂芬斯讽刺其为"虚伪的詹姆斯·诺克斯·波尔克"。赫尔曼·爱德华·冯·霍尔斯特抓住并突出了这个特点。赫尔曼·爱德华·冯·霍尔斯特这类人很少站在历史的角度，或看到事实的全部真相，他们常常因自己无意识的矛盾而陷入痛苦的挣扎。任何令人气馁的顾虑或对潜在危险的预测都不能阻止这类人，如果他们被误导了，那么这片土地会因他们的所作所为而面临灾祸。在今天，即使是那些谴责詹姆斯·诺克斯·波尔克做事方式的人，也很少有人愿意看到他失败。

第 14 章

约翰·斯莱德尔的任务

（1845年8月至1846年3月）

精彩看点

美国试图与墨西哥重建外交关系——门罗主义的原则——约翰·斯莱德尔收到的指示——约翰·斯莱德尔抵达韦拉克鲁斯——墨西哥政府拒绝接见约翰·斯莱德尔——马里亚诺·帕雷德斯建立起临时政府——詹姆斯·诺克斯·波尔克的计划

1845年8月，华盛顿政府从一名美国驻墨西哥城的秘密特工那里得到消息，墨西哥政府似乎希望重建因胡安·阿尔蒙特要求返还护照一事而中断的外交关系。这条消息与驻墨西哥城和韦拉克鲁斯领事的意见一致。1845年9月16日，在与内阁商议后，詹姆斯·诺克斯·波尔克同意任命新奥尔良的约翰·斯莱德尔前往墨西哥执行任务。其中，一个目标是通过购买加利福尼亚北部和新墨西哥来调整美国边界。詹姆斯·诺克斯·波尔克表示，他希望以从格兰德河河口开始，到北纬32°，再到太平洋为分界线。詹姆斯·诺克斯·波尔克认为，只要支付1 500万美元或者2 000万美元就能得到这样一条界线。如果有必要，他愿意支付4 000万美元。内阁一致同意詹姆斯·诺克斯·波尔克的意见。

　　1845年9月17日，内阁召开了特别会议，重新审议了与墨西哥重建外交关系这一议题。国务卿詹姆斯·布坎南呼吁詹姆斯·诺克斯·波尔克注意新奥尔良出版的报纸上发表的一些声明。从这些声明中可以看出，墨西哥政府的态度并不像情报上说的那么平和。因此，为了避免出现错误，内阁一致同意：詹姆斯·诺克斯·波尔克应该写一封机密信，通知约翰·斯莱德尔做好出发的准备。另外，詹姆斯·布坎南应该指示美国驻墨西哥城领事约翰·布莱克，正式查明墨西哥政府是否愿意接见被派去的美国特使。如果约翰·布莱克得到消息，确定墨西哥政府愿意接见美国特使，那么就任命约翰·斯莱德尔担任特使，并且让他立刻出发。1845年9月17日晚，詹姆斯·诺克斯·波尔克、国务卿詹姆斯·布坎南分别写信给约翰·斯莱德尔和美国驻墨西哥城领事约翰·布莱克。

后来，在向托马斯·哈特·本顿解释自己对加利福尼亚的态度时，詹姆斯·诺克斯·波尔克说，他认为英国如果有能力拥有加利福尼亚，那么就会去占领它，但美国人民不愿看到它以新殖民地的名义成为任何外国势力的属地。在重申门罗主义时，詹姆斯·诺克斯·波尔克说："加利福尼亚和旧金山的美丽海湾，与俄勒冈一样引人注目。"

英国企图得到加利福尼亚。很难说清楚人们是否该为此感到担忧。将来通过调查英国和美国政府的档案，可能会对这一问题有更清楚的理解，但当时还没有发现确凿的证据。然而，可以确定的是，詹姆斯·诺克斯·波尔克真的相信英国有意占领加利福尼亚。这一观点得到了加利福尼亚报纸上发表的信函的证实，也得到了美国驻蒙特雷领事托马斯·奥利弗·拉金所做报告的证实。托马斯·奥利弗·拉金的怀疑主要是基于英国在加利福尼亚建立了领事馆这一事实。他认为，除了作为一个秘密机构，该领事馆没有任何用处。此外，还有一些不完善的证据表明，英国打算代表加利福尼亚干涉当时加利福尼亚与墨西哥政府的争论。

詹姆斯·诺克斯·波尔克的言论引起了人们极大的兴趣，而他则认为自己的言论是在"重申门罗主义"。众所周知，俗称为"门罗主义"的学说是以几种不同的形式提出的，以应对各种紧急外交情况，并且它一直没有确切的定义。门罗主义一贯的原则是，欧洲列强不得干涉美洲事务，损害美国利益。总体来说，随着美国实力的增长和威望的提高，这一原则的主张自然变得更积极。在华盛顿政府和托马斯·杰斐逊的官方言论中，门罗主义几乎完全是一种消极的说法，并且强调不干涉欧洲事务。当美国的国际地位更明确，并且已完全确立时，门罗主义又补充了禁止欧洲干涉美国的内容。詹姆斯·诺克斯·波尔克否认权力平衡原则适用于北美，也否认欧洲国家为维持权力平衡，可以干涉任何独立的北美国家被美国兼并。另外，詹姆斯·诺克斯·波尔克也不允许欧洲势力兼并北美独立国家。詹姆斯·诺克斯·波尔克支持军事占领尤卡坦，以响应其保护请求，使它不受印第安人的侵害。另外，美国愿意给予尤卡坦所需的帮助，以防止任何欧洲国家对它提出主权要求。詹姆斯·诺克斯·波尔克还宣称："未来不得在北美大陆的任何地方建立欧洲殖民地或管辖区。"他的本意并不是要防止英国殖民者在英属美洲扩大定居区。不过，毫无疑问，詹姆斯·诺克斯·波尔克是指无论是否经过欧洲殖民者的同意，这一声明都适用于在西班牙语美洲国家的欧洲殖民行为。对这一原则的阐述，门罗主义还未涉及。

1845年10月17日，在一次通信中，约翰·布莱克报告了调查结果。约翰·布莱克向墨西哥政府询问了詹姆斯·诺克斯·波尔克提出的问题，即"墨西哥政府是否会接见来自美国的特使，由他全权负责调解美国政府和墨西哥政府存在所有的争端"。约翰·布莱克得到回复，尽管在处理得克萨斯共和国问题时，墨西哥受到了美国的严重伤害，但墨西哥愿意接见美国特使，因为特使可能会"全权代表政府，以和平、合理、公正的方式解决争端"。墨西哥政府表示，希望特使谨慎、理性，"尽可能地平息墨西哥人的愤怒"。墨西哥政府认为，作为恢复外交关系必不可少的条件，美国应召回在韦拉克鲁斯的海军部队。1845年11月6日，华盛顿政府收到答复。1845年11月7日，在会议中，詹姆斯·诺克斯·波尔克和国务卿詹姆斯·布坎南同意任命一名特使并派他立即前往墨西哥。为防止外国干涉，这项工作必须秘密进行。当清楚墨西哥政府的想法后，海军准将戴维·康纳就下令将舰队从韦拉克鲁斯撤回。

传达给约翰·斯莱德尔的指示已准备好，并且由内阁进行审阅和修改，最后于1845年11月8日获得一致通过。此次约翰·斯莱德尔的任务主要是削弱在墨西哥的外国势力对美国的影响，恢复美国和墨西哥过去的和平关系。传达给约翰·斯莱德尔的指示认为，由于墨西哥国内的悲惨状况，以及墨西哥政府当时对英国大使理查德·帕克南和法兰西王国大使阿莱耶·德·赛普雷的误解，此时有利于恢复美国和墨西哥的关系。另外，在门罗主义的基础上，这份指示还强调了有利于美国政策的注意事项。

约翰·斯莱德尔首先需要关注的是，美国公民对墨西哥政府的索赔要求仍未得到满足。约翰·斯莱德尔大概了解了索赔事件的经过，并且考虑了如何友好地解决这些问题。有人指出，全世界的人都知道，当时墨西哥无力支付赔款。除非美国政府承担债务，否则美国公民无法得到赔款。然而，与得克萨斯共和国商定的兼并条约遗留的边界问题的解决，可以在不伤害墨西哥的情况下，让墨西哥政府承担这一财政负担。

随后，约翰·斯莱德尔回顾了边界争议的历史，并且努力证明从格兰德河河口到埃尔帕索是得克萨斯共和国和墨西哥的合适分界线。这个主张基于一定的事实，即得克萨斯共和国的管辖范围已扩展到努埃塞斯河以外，并且努埃塞斯河以西的国家已派代表出席得克萨斯国会针对兼并问题召开的会议。还有人指出，路易斯安那以前的地域范围虽然一直延伸到格兰德河附近，但并没有证据表明得克萨斯共和国已确立对格兰德河的管辖。人们承认，墨西哥要求拥有新墨西哥，比要求得到格兰德河下游有争议的部分更合理。然而，新墨西哥远离墨西哥城，很难抵御印第安人的入侵，并且其大部分领土都位于得克萨斯共和国声称拥有主权的范围内。因此，如果新墨西哥仍然属于墨西哥，那么本来注定要成为朋友的美国和墨西哥，会因为它产生敌对情绪。然而，通过确定边界的方法把新墨西哥划分给美国，就可以消除这种危险，并且墨西哥也可以节省开支、减少麻烦。对这样一个边界，美国政府愿意支付美国公民对墨西哥的所有正当索赔，并且额外支付500万美元给墨西哥。

至于加利福尼亚，詹姆斯·诺克斯·波尔克愿意付出更大的代价。国务院有理由相信，英国和法兰西王国都对加利福尼亚有所图谋。约翰·斯莱德尔要竭尽全力防止加利福尼亚落入英国和法兰西王国的手中。对美国来说，拥有旧金山湾和港口至关重要。当时，加利福尼亚只是名义上依赖墨西哥，而墨西哥政府是否会在加利福尼亚重新掌权令人怀疑。在这种情况下，詹姆斯·诺克斯·波尔克希望约翰·斯莱德尔竭尽全力，争取让美国得到加利福尼亚。詹姆斯·诺克斯·波尔克努力想要获得这样一条边界：从新墨西哥边界上的一个点向西延伸，如果可行，那么就到达蒙特雷南部的太平洋；如果不可行，那么就到达旧金山南部，向南延伸得越远越好。对获得包括蒙特雷在内的这条边界线，除了承担美国公民对墨西哥提出的索赔费用，詹姆斯·诺克斯·波尔克还愿意支付2 500万美元；而如果仅获得包括旧金山在内的这条边界线，那么除了承担索赔费用，他愿意另外再支付2 000万美元。

最后，传达的指示提醒约翰·斯莱德尔注意，墨西哥人是否愿意和解直接决定他是否能够完成任务。有人提醒约翰·斯莱德尔，美国与墨西哥这样一个软弱、堕落的国家很难达成协议。为完成任务，约翰·斯莱德尔必须忍耐和克制。一个多星期后，约翰·斯莱德尔接到进一步指示，敦促他尽快促成谈判，以期达成与目标一致的结果。因为詹姆斯·诺克斯·波尔克希望在即将召开的会议结束前将谈判结果提交给国会，以便在谈判失败的情况下，采取迅速、有力的措施来弥补美国公民在墨西哥遭受的损失。

1845年11月10日,约翰·斯莱德尔收到詹姆斯·诺克斯·波尔克的来信后,写信请求得到关于埃尔帕索北部边界问题的进一步指示。同时,约翰·斯莱德尔表示,1836年12月19日颁布的法规规定了得克萨斯共和国的范围,即格兰德河以东的所有领土,将新墨西哥分为两部分。约翰·斯莱德尔认为自己无权承认墨西哥在此范围内主张任何领土的权利。他说,在维护美国对得克萨斯共和国主张部分所有权时,如果墨西哥放弃对争议地区的主张,那么他会提议美国政府承担墨西哥对美国公民的赔偿义务。

大约一个月后,约翰·斯莱德尔收到通知,他如果发现按照指示的方式解决边界问题将危及他完成任务的两个主要目标,即削弱危害美国利益的外国势力,以及恢复与墨西哥的和平关系,那么不能为了追求无法实现的目的而牺牲这些目标。

1845年12月2日,在电文中,詹姆斯·诺克斯·波尔克通知国会,墨西哥已同意恢复外交关系。于是,詹姆斯·诺克斯·波尔克派遣特使约翰·斯莱德尔作为全权代表调解所有问题,包括边界争端。詹姆斯·诺克斯·波尔克希望在这一届会议期间汇报结果,同时他不建议对恢复与墨西哥的外交关系采取任何补救措施。

1845年11月29日,约翰·斯莱德尔抵达韦拉克鲁斯。当约翰·斯莱德尔到达目的地时,驻墨西哥城领事约翰·布莱克就收到了消息,并且他立即通知墨西哥外交部部长曼努埃尔·德·拉·培尼亚·伊·培尼亚。然而,曼努埃尔·德·拉·培尼亚·伊·培尼亚说,墨西哥政府并不期待特使的到来，不准备接见他，因为曼努埃尔·德·拉·培尼亚·伊·培尼亚担心特使约翰·斯莱德尔在墨西哥城露面可能会给政府带来灾难性后果，并且有可能使美国与墨西哥恢复外交关系这一目标失败。有人提醒约翰·布莱克，因为签订谈判协议，何塞·华金·德·埃雷拉政府曾被指控犯有叛国罪。因此，约翰·布莱克接到命令，要求阻止约翰·斯莱德尔此时去墨西哥城。不过，一切都晚了，约翰·斯莱德尔已经在去墨西哥城的路上。约翰·布莱克于是去普埃布拉会见了约翰·斯莱德尔，并且告诉他，曼努埃尔·德·拉·培尼亚·伊·培尼亚希望美国政府的行动"不要那么迅速"。墨西哥政府虽然希望约翰·斯莱德尔能推迟访问墨西哥城，或者返回韦拉克鲁斯，但通信中并未出现这些商讨的内容。尽管如此，约翰·斯莱德尔仍继续前往墨西哥城。到达墨西哥城后不久，约翰·斯莱德尔将任命书的副本寄给曼努埃尔·德·拉·培尼亚·伊·培尼亚，并且询问自己何时能够得到正式接见。约翰·斯莱德尔被告知，会在两天后得到结果。然而，当两天的期限到期时，约翰·斯莱德尔又被告知这件事必须征求国务委员会的意见，并且要等国务委员会给出答复后再通知他。

1845年12月17日，在给詹姆斯·布坎南的一封信中，约翰·斯莱德尔详细地介绍了上述情况，还进一步解释了墨西哥当前的局势。何塞·华金·德·埃雷拉和内阁虽然希望参加谈判，但不敢承担责任，所以他们决定将这个问题提交给国务委员会。然而，向国务委员会寻求商议不合法，并且国务委员会也反对接见约翰·斯莱德尔。大多数国务委员会成员一般不支持政府。国务委员会不肯接见约翰·斯莱德尔的原因有以下几条：约翰·斯莱德尔的任命书似乎没有得到美国国会同意；约翰·斯莱德尔的任命也没有得到美国参议院的批准；墨西哥政府只同意接见一名专员就得克萨斯问题进行商讨，但美国派遣了一名全权代表。最后一条似乎是认为约翰·斯莱德尔的权力不够。

1845年12月15日，在寄给曼努埃尔·德·拉·培尼亚·伊·培尼亚第一封信的一个星期后，约翰·斯莱德尔又写了一封信，他询问何时能收到关于接见自己的答复。1845年12月16日，国务委员会决定不接见约翰·斯莱德尔。同一天，约翰·斯莱德尔收到了曼努埃尔·德·拉·培尼亚·伊·培尼亚的来信，他认为这封信是在国务委员会做出决定后才写的。信中，曼努埃尔·德·拉·培尼亚·伊·培尼亚向约翰·斯莱德尔保证，推迟接见他，完全是因为他的任命书，并且约翰·斯莱德尔没有必要浪费时间，他应该早就知道询问国务委员会会得到什么结果。1845年12月17日，在关于这些进程的报告中，约翰·斯莱德尔抱怨道，曼努埃尔·德·拉·培尼亚·伊·培尼亚的信不是特意寄给自己的。不过，约翰·斯莱德尔认为自己对此并没有特别介意，因为何塞·华金·德·埃雷拉政府当时的处境非常危险，墨西哥很有可能会爆发革命。

1846年1月12日，华盛顿政府收到了约翰·斯莱德尔于1845年12月17日写的信。信中的内容说明墨西哥政府"即使不确定，也有可能"会拒绝接见约翰·斯莱德尔。在这种情况下，墨西哥可能会发生战争，或者是维持已存在近一年的准战争状态。詹姆斯·诺克斯·波尔克准备采取行动，武力夺取墨西哥。根据1845年10月4日扎卡里·泰勒提出的建议，1846年1月13日，詹姆斯·诺克斯·波尔克命令美国军队进军格兰德河。1846年3月，美国军队开始行动；1846年3月8日，美国军队离开科珀斯克里斯蒂，并且于1846年3月24日到达伊莎贝尔据点。

1846年1月20日，美国参议院批准了约翰·斯莱德尔的任命书，并且写信回复他。然而，可能是希望将给约翰·斯莱德尔的信连同任命书一起寄出，在延误了一个星期后，詹姆斯·布坎南才回复约翰·斯莱德尔于1845年12月17日写的信。回信中，詹姆斯·布坎南写道，通过兼并得克萨斯共和国而对墨西哥造成"假想伤害"的赔偿金问题，不能与美国公民对墨西哥的索赔分割开。詹姆斯·布坎南认为，墨西哥政府对约翰·斯莱德尔的资历提出反对意见是一种诡辩，目的是将伤害赔偿金和索赔分割开。詹姆斯·布坎南说，向格兰德河进军的命令已下达给驻得克萨斯共和国的美国军队。如此一来，一旦得到国会授权，詹姆斯·诺克斯·波尔克就准备迅速采取行动。

1845年12月27日，约翰·斯莱德尔再次做出报告。1845年12月20日，约翰·斯莱德尔写信给曼努埃尔·德·拉·培尼亚·伊·培尼亚，力图证明，与自己此次任务相关的信并不能表明美国已同意仅就得克萨斯共和国问题进行商议。1845年12月20日，墨西哥政府的回信带来了最终结果，它拒绝接见约翰·斯莱德尔。拒绝接见的理由是，约翰·斯莱德尔是以一名普通全权代表的身份来墨西哥的。如果约翰·斯莱德尔的任命书被改成"授权他只处理那些扰乱两国和谐的问题，除非这些问题得到满意解决，否则就会导致战争"，那么墨西哥政府会很高兴接待他。显然，这种定义是为了排除对墨西哥的索赔要求。约翰·斯莱德尔给詹姆斯·布坎南写信说，他已向墨西哥政府说明，打算不久后退回哈拉帕，在那里等待美国政府的最后指示。因为约翰·斯莱德尔希望墨西哥政府明白，如果在整个过程中墨西哥政府坚持采取这样的态度，那将会产生多么严重的后果。他希望避免干涉墨西哥国内斗争的状况出现。

1845年12月17日和1845年12月29日的信中，约翰·斯莱德尔清楚地表明，墨西哥政府认为自己是被迫拒绝接见约翰·斯莱德尔的。几个月前，率领5 000名到8 000名最优秀的墨西哥士兵的马里亚诺·帕雷德斯就已接到进军格兰德河的命令，但他没有服从命令，或者说是逃避命令，意在利用自己的军队来反抗何塞·华金·德·埃雷拉。按照原计划，反抗何塞·华金·德·埃雷拉政府的革命将在约翰·斯莱德尔出现在墨西哥时达到高潮，但他来得比预期要早，马里亚诺·帕雷德斯的军队还未做好准备。墨西哥政府要求英国大使理查德·帕克南向约翰·斯莱德尔解释，它是被迫拒绝接见约翰·斯莱德尔的。墨西哥政府如果能镇压马里亚诺·帕雷德斯的军队，那么将采取必要措施恢复与美国的外交关系。约翰·斯莱德尔认为，马里亚诺·帕雷德斯起义如果获得成功，那么他也会努力恢复与美国的外交关系。还有一种观点认为，英国大使理查德·帕克南虽然正在运用自己的影响力来阻止战争发生，但反对美国和墨西哥恢复到以前的和谐状态。

1846年1月14日，在一份电报中，约翰·斯莱德尔报告：何塞·华金·德·埃雷拉政府被推翻，而马里亚诺·帕雷德斯建立起临时政府。①约翰·斯莱德尔申请护送自己到哈拉帕，但墨西哥新政府没有立即同意。约翰·斯莱德尔认为真正的原因是新政府希望为将来与他沟通留有余地，并且有可能希望在允许他离开前，看一看詹姆斯·诺克斯·波尔克刚抵达墨西哥城的信。与英国开战，一定是詹姆斯·诺克斯·波尔克在俄勒冈问题上采取的立场导致的。当时，这个观点流传较广。不久，约翰·斯莱德尔收到通知，护卫队已准备好。对此，他丝毫没有感到惊讶。1846年1月15日的通知附言补充道，正如约翰·斯莱德尔收到的正式通知所说，护卫队由他支配，并且将于1846年1月17日护送他前往哈拉帕。

1846年2月6日，在哈拉帕，约翰·斯莱德尔又写了一封信。约翰·斯莱德尔认为墨西哥政府在对接见他的问题上采取的政策会受俄勒冈问题的影响。如果美国与英国发生战争的可能性继续存在，那么墨西哥政府改变态度的希望就很渺茫。在信中，约翰·斯莱德尔描述了马里亚诺·帕雷德斯政府的财政困境。约翰·斯莱德尔说，在离开墨西哥城以前，他已通过一个与马里亚诺·帕雷德斯有密切联系的人向墨西哥政府传递了消息，墨西哥如果同意对边界问题做出令人满意的调整，那么它的财政困境有可能得到缓解。

---

① 在转交给国会的这份电报的副本中，省略了几个重要的段落，必须查阅美国国务院档案的原件。——原注

1846年3月1日，按照指示，约翰·斯莱德尔要求墨西哥政府最终决定是否接见他。这个要求将由美国驻墨西哥城领事约翰·布莱克提出，如果墨西哥外交部部长曼努埃尔·德·拉·培尼亚·伊·培尼亚愿意详谈，那么就通知约翰·斯莱德尔。如果在1846年3月15日前没有得到一个明确的答复，约翰·斯莱德尔将申请拿回护照。1846年3月1日，美国驻墨西哥城领事约翰·布莱克就收到了强硬拒绝的答复。答复暗示美国在墨西哥边境上进行武力威胁，这本身就足以证明墨西哥拒绝和解的提议是合理的。然而，墨西哥政府做出此种举动，实质是因为美国兼并得克萨斯共和国侵犯了它的利益。从一开始，墨西哥就把兼并得克萨斯这一行动视为交战理由。另外，美国政府起初已同意只谈判解决得克萨斯共和国问题，但现在提出了其他问题。约翰·斯莱德尔怀疑，墨西哥政府拒绝接见他是因为墨西哥担心如果同意谈判，那么有可能会削弱马里亚诺·帕雷德斯政府的权威，因为这已经在何塞·华金·德·埃雷拉政府得到了证实；或者也有可能是由于外国政府的干预。美国驻墨西哥城领事约翰·布莱克报告说，在收到1846年3月1日约翰·斯莱德尔写的信的当天，马里亚诺·帕雷德斯曾多次拜访英国大使理查德·帕克南。对这个说法，约翰·斯莱德尔表示怀疑，因为这似乎表明英国大使理查德·帕克南是墨西哥政府的秘密顾问。在最终被告知将不会得到墨西哥政府接见的两天后，约翰·斯莱德尔要求拿回护照。大约十天后，约翰·斯莱德尔从韦拉克鲁斯出发乘船前往新奥尔良。诉诸理性谈判的努力失败了，现在只有一条路能行得通，那就是诉诸武力。

约翰·斯莱德尔理应受到接见，如果不是墨西哥政府如此缺乏安全感，并且受到民众情绪的影响，那么他肯定会受到接见。毫无疑问，詹姆斯·诺克斯·波尔克的目标是重新开始谈判，争取让墨西哥和平割让加利福尼亚给美国，而不是为了扩大奴隶制的范围。因为获得加利福尼亚有巨大价值，可以阻止英国在加利福尼亚获得立足之地。从执政开始，詹姆斯·诺克斯·波尔克就有了这个计划，但正如他的政治对手和批评者经常指责的那样，他并不打算通过肆无忌惮的侵略来实现这个计划。詹姆斯·诺克斯·波尔克知道，墨西哥欠美国一大笔钱，并且无力支付。因此，他希望墨西哥以赔偿领土的形式解决这个问题。由于墨西哥发表声明，不愿接见约翰·斯莱德尔，这使墨西哥民众的情绪非常激动。不过，墨西哥政府给出的理由并不充分。与其试图从谈判中解决索赔问题，不如更坦率地面对索赔问题，完全拒绝谈判。1845年11月30日，在信中，约翰·斯莱德尔表示，他打算向墨西哥政府提出这一建议。这一建议得到詹姆斯·诺克斯·波尔克的默许，给墨西哥提供一个解决索赔问题的机会，只需让出格兰德河边界，就可以解决索赔问题。这充分表明了詹姆斯·诺克斯·波尔克并没有坚决要求得到加利福尼亚。

在墨西哥政府拒绝接见约翰·斯莱德尔后，战争仍可能避免，但需要美国和墨西哥表现出比任何地方或任何时代的国际关系参与方更大的宽容度才行。詹姆斯·诺克斯·波尔克野心勃勃，主动挑起争端，但对其最合理的批评只能说是因为墨西哥政府软弱无能、组织混乱。然而，长期备战的代价非常昂贵，并且使希望通过耐心的等待实现调解的机会变得很渺茫。此外，在詹姆斯·诺克斯·波尔克的计划中，没有任何拖延的余地。这既不符合詹姆斯·诺克斯·波尔克政府的精神，也不符合它的惯常做法。

第 15 章

美墨战争

（1846年至1848年）

精彩看点

美国发动对墨西哥的战争——墨西哥北部各州无力抵抗——美国军队占领新墨西哥和加利福尼亚——约翰·C.弗里蒙特的探险——熊旗起义——远征奇瓦瓦——政府管理部门与将军的争吵——安东尼奥·洛佩斯·德·桑塔·安纳掌握政权——扎卡里·泰勒进攻墨西哥——《瓜达卢佩-伊达尔戈条约》

确定墨西哥政府拒绝接见约翰·斯莱德尔后,詹姆斯·诺克斯·波尔克开始采取激进的态度。这显然是在挑起战争。从那时起,詹姆斯·诺克斯·波尔克似乎希望这场战争长久地进行下去,直到墨西哥按照他的计划,通过约翰·斯莱德尔提出的条款进行领土赔偿。根据詹姆斯·诺克斯·波尔克这一政策,虽然马里亚诺·帕雷德斯政府是否会接见约翰·斯莱德尔还未最终确定,但应指示约翰·斯莱德尔登上美国船,等待下一步指令。美国这样做的目的显然是,一旦墨西哥政府充分感受到压力,就能够迅速恢复谈判,不至于有任何耽搁。在美墨战争后期,这种想法同样影响了詹姆斯·诺克斯·波尔克对尼古拉·特里斯特的任命。对这种一手握剑、一手拿橄榄枝来解决冲突的方法,詹姆斯·诺克斯·波尔克将它称为"赢得和平"。

1846年5月12日,在国会宣布开战后,美国陆军总司令温菲尔德·斯科特接到命令,由他直接指挥军队,发动对墨西哥的战争。有一项行动计划似乎由詹姆斯·诺克斯·波尔克发起，但得到了战争部部长威廉·L.马西与温菲尔德·斯科特的同意。根据这项计划，詹姆斯·诺克斯·波尔克计划对新墨西哥和加利福尼亚提出赔偿要求，并且计划武装夺取奇瓦瓦。为此，美国军队将深入墨西哥腹地，迫使它达成协议。为实施这项计划，驻墨西哥湾和太平洋的美国海军部队将参与进来，并且执行具体任务。

詹姆斯·诺克斯·波尔克的这项计划与此次战争的主要目的一致，总体来说，能够很好地确保战争取得胜利。墨西哥北方各州距墨西哥城很远，虽然它们处于墨西哥政府的控制下，但政府对它们的影响很小。所以即使墨西哥政府军队中都是精兵，并且足够强大，它可以派遣军队抵抗入侵，但运输军队会非常困难。当然，在向墨西哥北部派遣军队时，美国也遇到了类似的困难。然而，对美国这样一个拥有丰富资源的强大国家来说，它运输军队要比一个像何塞·华金·德·埃雷拉或马里亚诺·帕雷德斯所领导的基础薄弱又缺乏手段的政府容易得多。墨西哥北部各州人口稀少、缺乏活力，无法依靠自己的力量进行防御。另外，当地政府软弱无用、效率低下。1846年，代表加利福尼亚北部的何塞·卡斯特罗和代表加利福尼亚南部的皮奥·比科发生纠纷。为此，加利福尼亚政府受到灾难性影响。加利福尼亚北部，尤其是位于萨克拉门托河下游、靠近旧金山湾的北部，外国人口数量最多，包括美国人。

随着美墨战争的继续，以墨西哥城为目标的战役计划逐渐制订出来。詹姆斯·诺克斯·波尔克和顾问最初的想法是，通过大举入侵墨西哥就可以结束这场战争，而不必把战争推向墨西哥内陆。夏季在沿海地区发起行动非常危险，因此，美国军队决定首先在墨西哥的北方发起袭击。然而，墨西哥人的抵抗比预期的更强烈、更持久。最终，美国军队不得不更换更短、更直接的前进路线，即穿过韦拉克鲁斯向墨西哥发起进攻。

美国军队几乎没有遇到什么抵抗，就占领了新墨西哥和加利福尼亚。1846年6月3日，率领远征军的菲利普·卡尼接到命令，经由圣菲向加利福尼亚北部进军。占领新墨西哥后，菲利普·卡尼留下足够兵力以确保对它的占领，继续前

菲利普·卡尼

往最终目的地。1846年7月末,在本特堡,组成此次远征军的1 800名士兵集结完毕。本特堡位于圣菲小径与阿肯色河交汇的地方。于是,从本特堡开始,菲利普·卡尼开始向圣菲进发。途中,菲利普·卡尼遭到了一支由4 000名墨西哥人组成的军队的攻击,但他迅速将墨西哥军队驱散,继续前进。1846年8月18日,菲利普·卡尼占领新墨西哥。在新墨西哥停留了足够长的时间后,菲利普·卡尼彻底征服了该地区,并且在该地区组建了一个临时政府。1846年9月25日,菲利普·卡尼前往加利福尼亚,仅带领300名骑兵。1846年10月7日,有消息称加利福尼亚已被美国军队占领。于是,菲利普·卡尼将200人派回新墨西哥,自己带领剩余的100人,继续前往加利福尼亚。1846年12月6日,在圣帕斯夸尔战役中,菲利普·卡尼击败了一支墨西哥军队。不过,他的18名下属被

圣帕斯夸尔战役

杀，并且几乎同样多的人受伤，其中，包括菲利普·卡尼本人。后来，菲利普·卡尼前往圣迭戈。

正如菲利普·卡尼听说的，加利福尼亚已被征服。这是美墨战争刚刚爆发时，由海军准将约翰·德雷克·斯洛特指挥美国在太平洋的海军力量完成的。1845年春季和夏季，得克萨斯共和国正准备接受被美国兼并的提议。同时，为了试探一下墨西哥，美国战争部和海军部发布了一系列命令。其中有一条是1845年6月24日下达给约翰·德雷克·斯洛特的，包含应对紧急情况的一般指示。这项命令告诫约翰·德雷克·斯洛特，要避免任何入侵行为。另外，提醒约翰·德雷克·斯洛特，墨西哥在太平洋上的港口处于无防御状态，一旦得知墨西哥向美国宣战，就立即占领旧金山。然而，为了达到华盛顿政府的目的，美国还必须采取其他手段。因此，1845年10月17日，美国驻蒙特雷领事托马斯·奥利弗·拉金被任命为政府的机密代理人。托马斯·奥利弗·拉金接到指示，监督并且尽其所能阻止欧洲对加利福尼亚事务的干涉。托马斯·奥利弗·拉金被告知，"尽管詹姆斯·诺克斯·波尔克不会做出任何尝试或利用任何影响力来诱使加利福尼亚人加入美国，使加利福尼亚成为一个自由、独立的州。不过，如果加利福尼亚人渴望将他们的命运与我们的命运联结在一起，那么我们将视加利福尼亚人为同胞。无论何时都可以这样做，并且不给墨西哥任何抱怨的理由。"按照要求，阿奇博尔德·H.吉莱斯皮向托马斯·奥利弗·拉金传达了这项指令。另外，阿奇博尔德·H.吉莱斯皮也收到了一个类似的任务，指示他与托马斯·奥利弗·拉金合作。

宣战后不久,约翰·德雷克·斯洛特接到通知,行动的时机已成熟。随后的一系列命令对约翰·德雷克·斯洛特和继任者罗伯特·F.斯托克顿做了详细指示。1846年5月17日,约翰·德雷克·斯洛特得知了在格兰德河发生的战斗。经过数个星期的拖延,直到1846年7月7日,约翰·德雷克·斯洛特才攻下蒙特雷。因此,约翰·德雷克·斯洛特受到海军部的谴责,这直接导致他随后被免职。1846年7月9日,在约翰·德雷克·斯洛特的指挥下,约翰·贝里恩·蒙

罗伯特·F.斯托克顿

哥马利占领了旧金山。随后，没有受到任何抵抗，约翰·贝里恩·蒙哥马利直接占领了加利福尼亚北部的主要关卡。1846年8月13日，罗伯特·F.斯托克顿攻下了洛杉矶。与此同时，罗伯特·F.斯托克顿取代了约翰·德雷克·斯洛特美国海军太平洋中队指挥官的职位。于是，对南方的征服工作就像对北方的征服工作一样，轻易地完成了。罗伯特·F.斯托克顿派阿奇博尔德·H.吉莱斯皮到洛杉矶担任南方军事指挥官。然而，阿奇博尔德·H.吉莱斯皮的轻率行为引发了加利福尼亚人的起义。这次起义由何塞·马里亚·弗洛雷斯领导，因此，被称为"弗洛雷斯起义"。洛杉矶被加利福尼亚人重新夺回，而美国军队则被驱逐出加利福尼亚南部的内陆地区。不过，经过一系列交战后，起义被镇压。1847年1月，美国军队最终完成对洛杉矶的征服。经过一系列交战，美国和墨西哥军队的伤亡不大。其中，伤亡最严重的是前文中提到的圣帕斯夸尔战役。

1846年7月7日，在约翰·德雷克·斯洛特登陆蒙特雷前，旧金山湾以北不远的索诺马发生了一次起义。这次起义以反对加利福尼亚的墨西哥政府为目的。基于这次起义采用的旗帜，参与者将它称为"熊旗起义"。因为后来有人努力把这次起义说成是美国征服的一部分，所以需要对此次起义做一些解释，以便大家可以了解真相。这次起义，一方面被认为是约翰·C.弗里蒙特煽动导致的，另一方面又被说成是为了反对他的计划。尽管如此，在华盛顿政府的指示下，托马斯·奥利弗·拉金精心策划调解工作，成功安抚了加利福尼亚人，并且确保加利福尼亚能默许被美国收购。

约翰·C.弗里蒙特是美国陆军地形工程师团的一名年轻军官,因擅长对西部地区地形的探索而出名。约翰·C.弗里蒙特曾是参议员托马斯·哈特·本顿的门徒,1841年成为他的女婿①。不久,约翰·C.弗里蒙特受政府委派,进行了几次探险活动,目的是收集密苏里河以西地区的相关信息。1842年第一次探险,约翰·C.弗里蒙特探索了密苏里河和落基山脉之间的地区,并且到达了落基山脉南北分界线,即著名的南山口。1843年到1844年第二次探险,约翰·C.弗里蒙特深入俄勒冈和加利福尼亚北部。接着,约翰·C.弗里蒙特又开始了第三次探险,并且于1845年12月再次进入加利福尼亚北部。约翰·C.弗里蒙特声称,墨西哥政府允许他在圣华金山谷过冬,并且继续向南探险,直到到达科罗拉多。1846年3月初,当约翰·C.弗里蒙特到达蒙特雷附近的萨利纳斯山谷时,根据1845年7月颁布的驱逐外国人的指示,也可能是因为约翰·C.弗里蒙特的下属被指控行为不当,墨西哥政府命令他立即离开加利福尼亚。然而,约翰·C.弗里蒙特没有离开,他在加利福尼亚竖起美国国旗,构筑防御工事,开始进行防御。有迹象表明,对约翰·C.弗里蒙特,墨西哥政府发动了一次袭击,但没有取得成功。几天后,约翰·C.弗里蒙特带领下属向北转移,到达俄勒冈边境的克拉马斯湖。1846年5月9日,阿奇博尔德·H.吉莱斯皮去加利福尼亚给托马斯·奥利弗·拉金送信。后来,阿奇博尔德·H.吉莱

---

① 1841年,约翰·C.弗里蒙特与托马斯·哈特·本顿的女儿杰西·本顿结婚。——译者注

斯皮与约翰·C.弗里蒙特会合。据说，甚至在很长一段时间后，约翰·C.弗里蒙特还声称，阿奇博尔德·H.吉莱斯皮从华盛顿政府给他带来了秘密指示，但这一说法后来被推翻。不久，约翰·C.弗里蒙特返回加利福尼亚，并且于1846年6月初，在萨克拉门托河谷下游的马里斯维尔孤峰群建立起营地。

对此，历史学家西奥多·H.希特尔总结称："约翰·C.弗里蒙特的秘密策略是激起加利福尼亚人对自己的攻击，或者是让他们采取其他措施反对美国人，从而为挑起战争提供托词。"这似乎也算是对事实的一种合理解释，并且也清楚地说明了一些原本无法解释的事情。或者我们也可以肯定地说，这一策略很符合约翰·C.弗里蒙特的岳父托马斯·哈特·本顿对他的教导。因此，得出的结论肯定是正确的。西奥多·H.希特尔认为，阿奇博尔德·H.吉莱斯皮带来的一些消息导致约翰·C.弗里蒙特从俄勒冈掉转方向，并且有大量证据可以证明这一点。不过，这些证据表明阿奇博尔德·H.吉莱斯皮带来的是托马斯·哈特·本顿的私人信函，而不是战争部部长威廉·L.马西的命令。

1846年6月，当约翰·C.弗里蒙特在马里斯维尔孤峰群时，索诺马发生了熊旗起义。起因是在萨克拉门托河谷的美国移民中传播的一份书面声明。这份声明的大意是，一支西班牙军队正朝着萨克拉门托河谷的方向前进，它将带来巨大的灾难。约翰·C.弗里蒙特邀请美国移民来自己的营地。很多人应邀前往，其中，包括威廉·布朗·艾德。很快，威廉·布朗·艾德也成为美国移民中一个杰出的领导者。约

约翰·C.弗里蒙特

翰·C.弗里蒙特向威廉·布朗·艾德提出建议,建议他挑动墨西哥指挥官何塞·安东尼奥·卡斯特罗向美国人发起攻击,进而引起美国的干涉,以征服加利福尼亚。威廉·布朗·艾德拒绝了这个建议。然而,伊齐基尔·梅里特领导的一部分移民截获了一批马。这是一支墨西哥军队要送到何塞·安东尼奥·卡斯特罗的营地的物资。这批马被送到约翰·C.弗里蒙特的营地,交由他暂时保管。

与此同时,在营地移民中,获得独立地位的想法传播开来。约翰·C.弗里蒙特的一些下属要求解除服役身份,以便可以参加独立运动，但他拒绝了下属的要求。然而，在伊齐基尔·梅里特和威廉·布朗·艾德的领导下，13个移民组成了一支队伍。很快，这支队伍就扩大到32个人。这支队伍向索诺马前进，并且俘获了当地的指挥官。后来调查发现，这支队伍并没有按照约翰·C.弗里蒙特的指令行事。然而，威廉·布朗·艾德继续坚持推进这一争取独立地位的运动。在威廉·布朗·艾德的指挥下，起义者占领了索诺马的要塞，并且占据了该地的武器库和军火库。随后，伊齐基尔·梅里特和其他7个人将战俘带回约翰·C.弗里蒙特的营地，而威廉·布朗·艾德和另外23个人留下完成后续事情。1846年6月14日，这些人升起一面临时的独立旗帜。这面旗帜被称为"熊旗"。

约翰·C.弗里蒙特尽管没有下令升起熊旗，但他认为运动进行到目前这个状态，自己不能继续视若无睹了。1846年6月25日，约翰·C.弗里蒙特到达索诺马。然而，西奥多·H.希特尔则认为约翰·C.弗里蒙特控制了这次起义，并且将其用于达成自己的目的。接着，很快就传来了约翰·德雷克·斯洛特登陆蒙特雷的消息，而熊旗则悄悄地被星条旗取代。

约翰·德雷克·斯洛特把美国海军太平洋中队的指挥权移交给了罗伯特·F.斯托克顿。这暗示着罗伯特·F.斯托克顿的任务是通过陆路和海路两条线路来控制作战行动。为此，罗伯特·F.斯托克顿组织了一个志愿者营，任命约翰·C.弗里蒙特为少校，阿奇博尔德·H.吉莱斯皮为上尉，并且派队伍前往加利福尼亚南部完成征服任务。几天后，罗伯特·F.斯托克顿也跟随队伍出发了，并且他们很快就占领了加利福尼亚南部。1846年8月，罗伯特·F.斯托克顿承诺组建一个地方政府，由约翰·C.弗里蒙特担任总督。然而，1847年春，按照罗伯特·F.斯托克顿的指示，菲利普·卡尼只建立起一个临时民间政府。起初，罗伯特·F.斯托克顿和约翰·C.弗里蒙特联合起来反对菲利普·卡尼的做法。不过，华盛顿政府对菲利普·卡尼表示支持，这使他最终能够继续自己的工作。因其受到争议的行为，约翰·C.弗里蒙特受到军事法庭的审判。审判结果表明约翰·C.弗里蒙特犯有叛变罪，他被开除军籍。总统詹姆斯·诺克斯·波尔克免除了该判决，但约翰·C.弗里蒙特还是坚持辞职。

最初占领墨西哥北部的计划包括对奇瓦瓦的远征。在扎卡里·泰勒的指挥下，约翰·E.伍尔将军承担了这项任务。这次远征军约有3 000人，他们以"中央军"的形式组织起来，集中在圣安东尼奥。1846年10月初，约翰·E.伍尔将军穿过格兰德河，但他发现无法从格兰德河直接向奇瓦瓦进军。因此，他被迫绕道向南前行。1846年10月29日，远征军到达蒙克洛瓦。然而，显然这次远征毫无意义。"中央军"被带到东部，与扎卡里·泰勒领导的"占领军"合并。

与此同时，由亚历山大·威廉·多尼芬上校率领的一支大约850人的军队，从菲利普·卡尼率领的新墨西哥的军队中分离出来，并且奉命加入约翰·E.伍尔将军的队伍。1846年12月14日，亚历山大·威廉·多尼芬上校指挥军队通过埃尔帕索向南前进，并且在布拉齐托和萨克拉门托两次战役中击败了墨西哥人。1847年3月1日，亚历山大·威廉·多

萨克拉门托战役

尼芬上校占领了奇瓦瓦,并且在此地停留了两个月。亚历山大·威廉·多尼芬上校的下属虽然骁勇善战,但缺乏纪律。在这两个月中,他们做出了各种放纵出格的事。于是,人们纷纷向亚历山大·威廉·多尼芬上校抱怨,认为这支军队"完全不适合驻扎在城镇或城市里"。1847年4月末,亚历山大·威廉·多尼芬上校不顾奇瓦瓦美国商人的反对,放弃了对奇瓦瓦的占领,并且准备加入扎卡里·泰勒在萨尔蒂约的军队。

迫使墨西哥就范的军队是在东部活动的扎卡里·泰勒的军队。东部的战役始于马塔莫罗斯,然后经过塔毛利帕斯和新莱昂,一直推进到科阿韦拉。然而,随着战争计划的不断推进,对这些州来说,以前的计划逐渐被同化为对付加利福尼亚和新墨西哥问题的计划,并且演变为纯粹的占领问题。

当美国军队的攻击转移到南部时，战争的最后一步计划是由韦拉克鲁斯直接向墨西哥城推进。

在美墨战争中，尤其是在战争的后半段，由于将军的性格和行为，政府管理部门发出的战争计划的详细进展和实施受到了严重阻碍。总统詹姆斯·诺克斯·波尔克及某些内阁成员、将军，相互怀疑各自的政治动机。因此，摩擦进一步加剧。美墨战争刚爆发，指挥西部军队的埃德蒙·P.盖恩斯将军，依仗威信，召集了一大批不必要的短期志愿者，这几乎成了笑柄。随即，埃德蒙·P.盖恩斯将军被罢免指挥权，并且奉命前往华盛顿。更令人恼火的是，尽管并没有造成严重的后果，但美国高级军官无休止的争吵和相互指责成为美墨战争的标志。负责管理战场行动的温菲尔德·斯科特和扎卡里·泰勒，恰巧在政治观点上都属于辉格派，因此詹姆斯·诺克斯·波尔克不信任他们，也不信任许多高级军官。宣战时，温菲尔德·斯科特接到任命，全面负责对墨西哥的战役，而这仅仅是因为他原本是美国军队的总司令。然而，温菲尔德·斯科特推迟前往作战区域，引起了人们的抱怨。因此，1846年5月21日，温菲尔德·斯科特给战争部部长威廉·L.马西写了一封信。信中，温菲尔德·斯科特对自己的行为做出解释，并且对总统詹姆斯·诺克斯·波尔克做出了非常冒犯的指责。为此，温菲尔德·斯科特被免除"占领军"的指挥权，并且接到指示，留在华盛顿。在第一次美国军队武装入侵墨西哥，以及对墨西哥北部战役的大部分时间里，温菲尔德·斯科特一直待在华盛顿。其间，扎卡里·泰勒负责指挥墨西哥北部的军队，并且他证明了自己是一个服从命令的优秀士兵。然而，在詹姆斯·诺克斯·波尔克和内阁看来，他们认为扎卡里·泰勒缺乏主动性，未能乘胜追击，再加上，扎卡里·泰勒对军队的处置比较鲁莽，因此，詹姆斯·诺克斯·波尔克和内阁认为，扎卡里·泰勒不能胜任总司令一职。

美墨战争后一阶段最显著的特点就是存在一系列指控和反指控。其中，一方是温菲尔德·斯科特，另一方是吉迪恩·约翰逊·皮洛将军、威廉·J.沃思将军和詹姆斯·邓肯上校。这也导致在占领墨西哥后，温菲尔德·斯科特被威廉·奥兰多·巴特勒将军取代，并且还要接受墨西哥法庭的审判。后来，温菲尔德·斯科特的部分指控被撤销，剩余的指控也没有维持原判。

美墨战争开始后不久，墨西哥的另一次传统革命导致了马里亚诺·帕雷德斯政府的倒台，政权落入安东尼奥·洛佩斯·德·桑塔·安纳的手中。在某种程度上，华盛顿政府对墨西哥政府的更替产生了影响。1845年，安东尼奥·洛佩斯·德·桑塔·安纳被驱逐出墨西哥。后来，他居住在哈瓦那。1846年2月13日，詹姆斯·诺克斯·波尔克收到了安东尼奥·洛佩斯·德·桑塔·安纳的消息。该消息表明安东尼奥·洛佩斯·德·桑塔·安纳有意与美国达成和解。在某种程度上，安东尼奥·洛佩斯·德·桑塔·安纳提出的条件与詹姆斯·诺克斯·波尔克原本期望的比较接近。1846年4月7日，詹姆斯·诺克斯·波尔克收到了约翰·斯莱德尔于1846年3月15日寄出的信。信中，约翰·斯莱德尔说，他刚刚得知墨西哥政府明确拒绝接见他。约翰·斯莱德尔认为，安东尼奥·洛佩斯·德·桑塔·安纳可以轻而易举地推翻马里亚诺·帕雷德斯政府，并且暗示在这种情况下，他将有机会完成以前未完成的任务。

有了安东尼奥·洛佩斯·德·桑塔·安纳做出的相关保证，总统詹姆斯·诺克斯·波尔克认为有必要在宣战时向封锁墨西哥湾港口的戴维·康纳发布命令，允许流亡者自由入境，为安东尼奥·洛佩斯·德·桑塔·安纳返回做准备。1846年8月初，马里亚诺·帕雷德斯政府倒台。1846年8月16日，安东尼奥·洛佩斯·德·桑塔·安纳抵达韦拉克鲁斯。虽然他几乎不可能被挡在墨西哥之外，但为他入境提供便利似乎是个错误。一方面，安东尼奥·洛佩斯·德·桑塔·安纳没有做任何事情来促进墨西哥人采取更加和解的态度；另一方面，相比其他墨西哥领导人，他可以更有效地组织抗争，反抗入侵。

由于篇幅有限，本书仅大致描述一下美墨战争中的军事行动。多数情况下，美国军队人数众多，士气高昂，军用物资充足，在战争中处于有利的战略位置。因此，美国军队几乎毫无例外地取得了胜利。然而，美国军队的胜利绝非易事，相反，它是以无数血战和巨大的人员伤亡为代价换取来的。因此，在这种非常时期，美国民众对军需部门肆意挥霍和低效率行为的抱怨屡见不鲜。

随着军事行动的推进，扎卡里·泰勒开始进攻墨西哥。1846年5月8日的帕洛阿尔托战役和1846年5月9日的雷萨卡德拉帕尔马战役的作战目的是驱赶墨西哥人越过格兰德河。随后，扎卡里·泰勒从马塔莫罗斯出发，经塔毛利帕斯，向新

雷萨卡德拉帕尔马战役

莱昂进军。1846年9月21日到9月23日，在新莱昂的首府蒙特雷，扎卡里·泰勒的军队战斗了三天，击败了墨西哥人，并且占领了蒙特雷。1846年11月16日，美国军队占领科阿韦拉首府萨尔蒂约；1846年12月29日，美国军队占领塔毛利帕斯首府维多利亚城。

很早以前，关于战争应局限于占领墨西哥北部，还是率领军队继续向墨西哥城推进，就成了一个非常重要的问题。扎卡里·泰勒建议战争应局限于占领墨西哥北部。然而，当被问及下一步应怎么做，特别是对是否应从韦拉克鲁斯附近开始远征墨西哥城时，扎卡里·泰勒一直犹豫不决，没有给出明确答复。1846年9月22日，华盛顿政府发出一份命令。这份命令直接传达给扎卡里·泰勒的下属罗伯特·帕特森将军。这份命令事关是否应从韦拉克鲁斯附近开始远征墨西哥城的计划，但计划尚未完全制订出来。这种做法引起扎卡里·泰勒的不满和抗议。尽管遭到了詹姆斯·布坎南的反对，詹姆斯·诺克斯·波尔克和内阁最终还是通过了一项占领韦拉克鲁斯，然后向墨西哥城进军的计划。温菲尔德·斯科特被选中作为此次远征的领导者。接到任命后不久，温菲尔德·斯科特就离开了华盛顿。大约于1846年12月末，温菲尔德·斯科特到达马塔莫罗斯，开始为袭击韦拉克鲁斯做准备。扎卡里·泰勒的部分下属被调去参加南方的战事。于是，扎卡里·泰勒再次抱怨起来。随之而来的是更多的不和谐与怨言。

当美国军队攻击方向向南转移的消息被截获并传达给安东尼奥·洛佩斯·德·桑塔·安纳后，他立刻想出了一个反击计划。随后，他率领2万多人的军队向北进发，并且于1847年2月23日在萨尔蒂约以南几英里的布埃纳维斯塔遇上了扎卡里·泰勒的军队。然而，此时他带领的军队人数只有出发时的四分之一。美国军队取得了辉煌的胜利。随后，"占领军"的主要工作就此结束。

后来，双方将注意力集中到南部战役上。1847年2月，温菲尔德·斯科特的军队从布拉索斯岛出发，经海上航线奔赴距离坦皮科以南约60英里的洛沃斯岛。1847年3月9日，温菲尔德·斯科特成功登陆韦拉克鲁斯附近，没有受到任何阻拦。在与戴维·康纳领导的海军的合作下，温菲尔德·斯科特包围了韦拉克鲁斯。短暂的围攻后，美国军队猛烈地轰炸了韦拉克鲁斯。1847年3月29日，美国军队占领韦拉克鲁斯。

布埃纳维斯塔战役的早上,扎卡里·泰勒和他的幕僚

1847年4月8日，温菲尔德·斯科特展开了对墨西哥城的进攻。1847年4月17日和18日，塞罗戈多爆发了第一次抵抗。利用一个地理位置优越、固若金汤的阵地，温菲尔德·斯科特率领不足9 000人的军队大胜墨西哥13 000人的军队。随后，在墨西哥城附近，双方还进行了一系列战斗。最终，温菲尔德·斯科特占领墨西哥城。这部分内容会在后文提及。

与此同时，詹姆斯·诺克斯·波尔克再次做出努力，试图进行谈判。即使在约翰·斯莱德尔任务失败后，詹姆斯·诺克斯·波尔克也一直持有谈判的想法。正是出于对该想法的考虑，美国政府敦促安东尼奥·洛佩斯·德·桑塔·安纳返回墨西哥。安东尼奥·洛佩斯·德·桑塔·安纳返回墨西哥后，美国政府立即提议重新谈判，但遭到了拒绝。南部战役前夕，美国重新提出谈判，但再次遭到拒绝，墨西哥提出谈判的前提条件是入侵军队必须撤离。当温菲尔德·斯科特最初进驻墨西哥城时，韦拉克鲁斯已被美国军队占领。詹姆斯·诺克斯·波尔克和内阁一致认为，最好派遣一名专员跟随军队。这名专员应在任务进行到合适阶段时，立刻向墨西哥政府提出和平条件。国务院首席文员尼古拉·特里斯特最终被选中执行这项任务，并且他于1847年4月15日接到任职令。1847年4月16日，尼古拉·特里斯特便离开华盛顿，并且于1847年5月6日到达韦拉克鲁斯。尼古拉·特里斯特得到授权，他提出的条款与约翰·斯莱德尔接受的指示中包含的条款基本相同。不同之处在于，针对同一边界，尼古拉·特里斯特将少支付500万美元。尼古拉·特里斯特的谈判目的不仅是要得到加利福尼亚北部和新墨西哥，还要争取得到加利福尼亚南部，并且还要取得跨越特万特佩克地峡的通行权。约翰·斯莱德尔接受的指示没有包括后面这两项。

尼古拉·特里斯特一到温菲尔德·斯科特的营地，温菲尔德·斯科特就专员的权力事宜与他发生了争执。对被当成谈判工具而不是谈判代理人一事，温菲尔德·斯科特感到愤怒。温菲尔德·斯科特曾得到指示，要求他向尼古拉·特里斯特询问是否继续进行战争。然而，该指示遭到温菲尔德·斯科特的拒绝。除非尼古拉·特里斯特被授予比温菲尔德·斯科特更高的军衔，否则温菲尔德·斯科特拒绝向他询问。另外，温菲尔德·斯科特还拒绝将尼古拉·特里斯特带来的詹姆斯·布坎南的信转交给墨西哥外交部部长曼努埃尔·德·拉·培尼亚·伊·培尼亚。通过英国驻墨西哥大使查尔斯·班克黑德及使馆秘书爱德华·桑顿爵士的热心帮助，尼古拉·特里斯特将詹姆斯·布坎南的信顺利递交给墨西哥外交部部长。温菲尔德·斯科特和尼古拉·特里斯特的争吵最终以1847年6月末的和解而结束。从那以后，他们开始了密切合作。

为回应尼古拉·特里斯特提出的谈判建议，安东尼奥·洛佩斯·德·桑塔·安纳暗示，他如果能先拿到1万美元的预付款，然后在和平谈判结束时再拿到100万美元，那么就可以立即开始谈判。与几名军官磋商后，在1847年7月末或者是1847年8月初举行的一次会议上，温菲尔德·斯科特先支付了1万美元给安东尼奥·洛佩斯·德·桑塔·安纳。然而，直至1847年8月19日到20日在孔特雷拉斯和1847年8月20日在丘鲁武斯科的两次交战中被打败，墨西哥人才同意采取措施进行下一步谈判。随后，温菲尔德·斯科特提出停战协议。1847年8月24日，墨西哥接受该停战协议。接着，墨西哥委派专员会见尼古拉·特里斯特，并且着手缔结条约。在"征服"阶段，尼古拉·特里斯特能否完成这一谈判任务还不得而知，但他摇摆不定的态度使任务完成的可能性大大降低。墨西哥专员仍然拒绝接受这些条约，并且提交了与此相悖的提案。这些提案被尼古拉·特里斯特提交给了华盛顿政府。在收到关于尼古拉·特里斯特所作所为的非官方消息后，詹姆斯·诺克斯·波尔克不等收到尼古拉·特里斯特亲自发出的消息，就立刻下令将他召回。

与此同时，停战协议已终止，美国军队继续前进。1847年9月8日美军在莫利诺德尔雷伊和9月13日在查普尔特佩克的胜利，打开了通往墨西哥城的道路。1847年9月14日，墨西哥城被占领。安东尼奥·洛佩斯·德·桑塔·安纳辞职。1847年11月22日，墨西哥新政府向尼古拉·特里斯特表明已委派专员进行谈判。此时，尼古拉·特里斯特已收到召回信。尽管如此，尼古拉·特里斯特还是听从了墨西哥人的建议，即墨西哥人没有正式收到尼古拉·特里斯特被召回的消息，并且墨西哥人急于就尼古拉·特里斯特最初提出的条款进行谈判。

1848年2月2日，谈判后，双方签署了《瓜达卢佩-伊达尔戈条约》。双方商定的边界线是沿着格兰德河河口到新墨西哥；然后，向西北延伸到希拉河的第一条支流；之后，沿着希拉河及支流到科罗拉多；最后，向西沿着加利福尼亚南北部间的分界线到达太平洋。此次，墨西哥割让给美国的领土满足了美国公民对墨西哥政府的要求。因此，美国额外支付给墨西哥1 500万美元。尽管在最终谈判前尼古拉·特里斯特的职务已被撤销，詹姆斯·诺克斯·波尔克还是向参议院提交了《瓜达卢佩-伊达尔戈条约》。在遭到一些反对和质疑后，1848年3月10日，《瓜达卢佩-伊达尔戈条约》以38票比14票的投票结果被批准。

反对的声音至少有一部分来自那些想要占领整个墨西哥的人。其中，包括内阁成员詹姆斯·布坎南和罗伯特·J.沃克，以及一些民主党参议员。公众对这些人的支持持续高涨。事实上，詹姆斯·布坎南的态度明显随着大众情绪的变化发生了改变。美墨战争一开始，詹姆斯·布坎南坚持认为，詹姆斯·诺克斯·波尔克应拒绝承认想占领加利福尼亚和新墨西哥这一目的，并且应坚定地表明态度：美国只希望得到格兰德河边界以内的领土。然而，詹姆斯·诺克斯·波尔克拒绝发表这样的声明，他说，虽然美墨战争的起因不是为了征服而进行的，但他坚持要求墨西哥进行领土赔偿。这一赔偿除了包括索赔，还包括战争费用。詹姆斯·诺克斯·波尔克始终坚持这一观点。随着美墨战争的推进，以及民众对吞并整个墨西哥日益增长的期望，詹姆斯·布坎南显然已改变立场，成为十分激进的扩张主义者。

1847年12月7日，当温菲尔德·斯科特的军队接管墨西哥时，在年度咨文中，詹姆斯·诺克斯·波尔克宣称，如果不能获得和平，那么美国政府可能有必要将"赔偿的全部措施"掌握在自己手中。詹姆斯·诺克斯·波尔克坚持认为，自己从未想过"永久征服墨西哥"，也从未想过毁灭墨西哥。詹姆斯·布坎南则更倾向于表明，如果对墨西哥的军事占领，以及支持和平的鼓励措施和防护措施都不能使墨西哥与美国达成协议，那么美国"必须履行上帝提前为美国和墨西哥准备的命运"。大家认为这个声明支持夺取整个墨西哥。另外，随着对这个声明的深入理解，除了总检察长约翰·亨利·克利福德，所有内阁成员都支持这个声明。然而，詹姆斯·诺克斯·波尔克始终坚持自己的观点，尽管占领"整个墨西哥"的政策很受欢迎，他还是接受了名誉扫地的专员尼古拉·特里斯特谈判达成的《瓜达卢佩-伊达尔戈条约》，事情就此画上句号。詹姆斯·诺克斯·波尔克"赢得和平"，并且解决了索赔问题。对此，他感到非常满意。

第 16 章

《威尔莫特但书》
（1846年至1847年）

精彩看点

《威尔莫特但书》的提出——《威尔莫特但书》产生的原因——拨款计划——《三百万法案》——参议院与众议院的争论——《威尔莫特但书》与奴隶制的关系——《威尔莫特但书》的作用

越来越多的人认识到领土扩张和奴隶制扩张密不可分，因此，每一次领土扩张都将加速奴隶制危机的爆发。这样的共识极大地削弱了美国对西南部扩张的冲动，并且阻止了墨西哥因为战争被吞并。这也导致任何想进一步占领西南部的行为都将遭到坚决、公开的反对。于是，一项重要议题被提出来，并且迅速成为一个新政治组织的基础。国家政党的路线开始动摇，各种因素逐渐融合，形成两大阵营。两者的目标非常坚定，它们互相对峙。一方是阻止国家政府以任何行为或者是不作为来促进奴隶制的利益，而另一方是保护奴隶制的利益不受国家的干涉。

美墨战争期间，以奴隶制为主要问题的政党改组过程变得很容易追溯，其中，第一个重要阶段是关于《威尔莫特但书》的斗争。这是为了防止奴隶制跟随美国国旗向西南方向发展而做出的尝试。《威尔莫特但书》不是出自反对战争、在1846年选举中掌控了众议院的辉格党，而是出自民主党。最早提出《威尔莫特但书》的是来自俄亥俄州的代表雅各布·布林克霍夫，他属于坚决反对马丁·范·布伦的群体。雅各布·布林克霍夫强烈反对兼并得克萨斯共和国，并且试图修改已颁布的决议，从而在兼并的西部和西北部地区消除奴隶制。有趣的是，当时，雅各布·布林克霍夫声称，为了公平起见，兼并得来的一半的领土应归属北方。然而，《威尔莫特但书》代表南方的立场，因此，它拒绝类似的要求。

美墨战争期间，雅各布·布林克霍夫利用机会，再次提出了在有望获得的领土上实行奴隶制的问题。雅各布·布林克霍夫对兼并领土的态度削弱了他在民主党多数派心中的影响。因此，最好的办法是找到其他党内成员，这个人能够带头向国会提出关于奴隶制的问题，并且他没有什么不良记录让人们反对他。最合适的人选是宾夕法尼亚州的戴维·威尔莫特，他因支持兼并得克萨斯共和国和《沃克关税法案》而获得南方各州的支持。关于《威尔莫特但书》，雅各布·布林克霍夫只是进行了简单的撰写，是戴维·威尔莫特将它明确提了出来。萨蒙·波特兰·蔡斯认为，《威尔莫特但书》与民主党的关系会使辉格党对它感到厌恶。在众议院，来自纽约州的斯蒂芬·斯特朗表示，这是纽约州激进派使用的一种手段，是为了促进民主党的利益，而不是政府的利益。《威尔莫特但书》的起源表明，如果没有其他情况出现，那么它的提出只是民主党党内争论中为了获得政治利益的一种手段而已。

《威尔莫特但书》提出的原因是詹姆斯·诺克斯·波尔克试图通过边界调整计划获得加利福尼亚和新墨西哥。这是获得和平的一个条件。1846年1月14日和1846年2月6日，在给詹姆斯·布坎南的信中，约翰·斯莱德尔提到了马里亚诺·帕雷德斯政府的财政困境。另外，在1846年2月6日的那封信中，约翰·斯莱德尔声称已设法给出暗示，马里亚诺·帕雷德斯政府如果在边界问题上做出适当让步，那么它的财政困境也许会得到缓解。在华盛顿政府收到这些信后，詹姆斯·诺克斯·波尔克向内阁提出了一个问题，即万一墨西哥同意美国政府期望的边界划定，如何筹集第一笔资金来缓解墨西哥政府迫切的财政压力。内阁似乎认为，大量的现金有可能诱使马里亚诺·帕雷德斯政府缔结一项它本来不会同意的条约。不过，詹姆斯·布坎南认为国会不会同意拨款。

随后，詹姆斯·诺克斯·波尔克提醒内阁成员关注1806年为收购佛罗里达做出的类似拨款。最后，内阁成员一致认为詹姆斯·诺克斯·波尔克应征求一些参议员的意见。詹姆斯·诺克斯·波尔克与参议院外交委员会主席威廉·艾伦，以及托马斯·哈特·本顿和刘易斯·卡斯进行了交谈，而他们都认可国会应尽快采取行动。最明智的做法应是，参议院在执行会议上讨论此事，并且在公开会议上采取行动，不做进一步辩论。威廉·艾伦和托马斯·哈特·本顿表示，为确保行动的一致性，应信任约翰·C.卡尔霍恩。1846年4月1日左右，在和詹姆斯·诺克斯·波尔克磋商后，约翰·C.卡尔霍恩认可了获得加利福尼亚和新墨西哥这一目标，但他担心这个目标会被公开，从而使俄勒冈问题陷入尴尬境地。约翰·C.卡尔霍恩的这种态度导致威廉·艾伦建议将此事推迟几天后再讨论。缓解墨西哥财政压力需要筹集的资金总额是100万美元。詹姆斯·诺克斯·波尔克似乎希望秘密地筹集所需资金，并且以现金的方式支付，以确保自己能够获得希望割让的领土。以上陈述解释了为墨西哥政府拨款计划的起源。

在威廉·艾伦的建议下，为墨西哥政府拨款的计划暂时搁置了几个月。与此同时，美墨战争开始，美国军队在帕洛阿尔托战役和雷萨卡德拉帕尔马战役中均获得胜利。安东尼奥·洛佩斯·德·桑塔·安纳返回墨西哥时提出进行谈判，这也使关于边界调整的拨款项目得以恢复。就此事，詹姆斯·诺克斯·波尔克分别咨询了托马斯·哈特·本顿、刘易斯·卡斯，以及已成为参议院外交委员会主席的乔治·麦克达菲，来自弗吉尼亚州的著名辉格党参议员、参议院外交委员会成员威廉·S.阿切尔。托马斯·哈特·本顿、乔治·麦克达菲和刘易斯·卡斯同意为墨西哥政府拨款的计划，而威廉·S.阿切尔也对该计划高度称赞。1846年8月1日，在内阁会议上，全体成员一致同意在执行会议上征求参议院的意见。参议院以33票比19票的投票结果通过了为墨西哥政府拨款的计划。投赞同票的有几名辉格党成员，包括托马斯·科温和丹尼尔·韦伯斯特。随后，詹姆斯·诺克斯·波尔克请詹姆斯·布坎南致函参议院财务委员会主席迪克森·霍尔·路易斯和众议院筹款委员会主席詹姆斯·艾弗·麦凯，请求拨款。然而，当詹姆斯·诺克斯·波尔克得知投票支持该计划的辉格党参议员威胁称，除非詹姆斯·诺克斯·波尔克公开承担责任，否则将反对颁布通过该计划的措施时，他向参议院和众议院发出消息，建议两院拨付它们认为合适的金额。此时，这一金额已增加到200万美元。

1846年8月8日，詹姆斯·诺克斯·波尔克的意见传达给国会。同一天,众议院筹款委员会主席詹姆斯·艾弗·麦凯提出一项关于拨款事宜的法案。随法案一起提出的还有一项被称为《威尔莫特但书》的修正案,具体内容为:"根据美国和墨西哥可能进行的任何条约谈判,将《威尔莫特但书》作为美国从墨西哥获得任意领土的一个明确和基本条件,并且作为执行委员会使用本法案所拨款项的明确和基本条件。在美国和墨西哥的领土上,不应存在奴隶制或者非自愿的奴役行为,罪犯除外;并且犯罪的一方应首先被正式定罪。"一项修正案将《威尔莫特但书》的适用范围限制在密苏里妥协线以北的领土上,但该修正案以54票比89票的投票结果被否决,而《威尔莫特但书》随后以84票比64票的投票结果获得通过。现在,最初支持这项关于拨款事宜的法案的人提议将它搁置,然而,投票结果是78票赞同、94票反对,提议遭到否决。这项关于拨款事宜的法案最终以87票比64票的投票结果获得通过。1846年8月10日星期一,参议院开始审议关于拨款事宜的法案,并且提议撤销《威尔莫特但书》。马萨诸塞州的约翰·戴维斯发表讲话,表达了自己对提议撤销《威尔莫特但书》的反对,但他的发言被已确定的会议结束时间打断。因此,关于拨款事宜的法案、《威尔莫特但书》及其他附加条款都因未表决而没有获得通过。

约翰·戴维斯的行为受到了扩张主义者和废奴主义者的猛烈抨击。詹姆斯·诺克斯·波尔克则将这种行为描述为"不光彩的手段"。事后,约翰·戴维斯为自己辩护,他说,自己不愿意看到《威尔莫特但书》不经过讨论就被撤销,因为他认为《威尔莫特但书》应被拿来讨论。约翰·戴维斯说，自己的发言时间不超过20分钟，还被众议院的事情打断了9次。他说，事实上，自己原本打算及时结束讲话进行表决，并且已向参议院外交委员会主席乔治·麦克达菲如此承诺过；但众议院的时钟比参议院的时钟提前了8分钟，并且众议院突然宣布休会，这打断了他的发言。对约翰·戴维斯的抨击似乎并没有实质性依据，仅仅是由于人们当时过度冲动。

1846年12月，新一届国会开幕。在年度咨文中，詹姆斯·诺克斯·波尔克再次建议拨款。1847年1月3日，纽约州民主党人普雷斯顿·金试图在众议院提出一项建议拨款的法案，并且将拨款数额确定为200万美元。然而，该法案中还包含一项条款，这一条款是为了防止美国在接下来获取的所有领土上建立奴隶制。众议院以1票的多数票拒绝暂停执行规则，并且提交了该法案。不过，1847年2月8日，众议院提出了另一项关于拨款的法案。经过一个星期的讨论后，众议院通过增加《国王议案》的排除条款修订了1847年2月8日提出的关于拨款的法案。这并不是戴维·威尔莫特最初的提议，但他最终还是采纳了这项修订后的法案。后来，这项修订后的法案的内容被扩展到被称为《威尔莫特但书》的修正案中。《威尔莫特但书》的新加条款中体现了同样的原则，只是在某种程度上更明确地宣布了反对奴隶制。原《威尔莫特但书》的投票结果以前是115票赞成、106票反对；而这项修订后的法案，在众议院以115票比105票的投票结果获得通过。

与此同时，参议院在审议一项《三百万法案》。对此法案，1847年2月5日，议员就开始讨论了，一直讨论到1847年3月1日。佐治亚州的辉格党成员约翰·麦克弗森·贝里恩提出一项修正案，声明国会拨款的意图不是分割墨西哥，也不是通过征服来获取墨西哥任意领土部分，只是进行明确的边界调整并解决索赔问题。对这项修正案，刘易斯·卡斯提出了一个替代方案，宣称这是国会做出拨款时的意图，即认为战争应继续积极进行下去，直至成功解决问题，并且应通过谈判，从墨西哥政府那里获得一个"合理的赔偿"。刘易斯·卡斯的替代方案最终被撤回，而约翰·麦克弗森·贝里恩的修正案以24票赞成、29票反对的投票结果被否决。最后时刻，各方通过努力添加《威尔莫特但书》的内容来修改这项《三百万法案》，但它还是以21票赞成、31票反对的投票结果没有获得通过。按照会议记录来看，反对票中有6票来自自由州参议员。后来，这项《三百万法案》以29票赞成、24票反对的投票结果获得通过。

参议院的《三百万法案》被提交至众议院。1847年3月3日，众议院全体委员开始审议参议院提交的《三百万法案》。戴维·威尔莫特提议，通过增加附带条款来修改《三百万法案》，这一提议获得10票的多数票支持。然而，当最后统计票数时，戴维·威尔莫特发现支持他的多数票居然消失了，只有97票赞成票，而反对票有107票。除了特拉华州辉格党人约翰·W. 休斯顿，其他来自蓄奴州的成员都坚决地投了反对票，而剩余的反对票来自自由州的23名民主党人士。最终，众议院以115票比81票的投票结果通过《三百万法案》，没有附带条款。

参议院和众议院的争论尽管有用，却是不祥的征兆。这次争论清楚地显示出各种险恶因素的影响，这些影响正造成派系化，并且威胁到联邦。地下政治活动暗潮汹涌，并且证明了由于马丁·范·布伦的搁置、兼并得克萨斯共和国、俄勒冈条约、《沃克关税法案》的实施，以及独立财政系统的重新建立，不同派系与阵营产生了强烈的敌意。现在，因为奴隶制问题引发的骚动，南北阵营的敌对情绪越来越强烈。

此次参议院与众议院辩论的一个特点是彻底回顾了美墨战争的起因。康涅狄格州民主党人约翰·米尔顿·奈尔斯同意詹姆斯·诺克斯·波尔克的主张，即战争是墨西哥引发的，并且宣称"把我们的军队撤到格兰德河，与把军队撤到科珀斯克里斯蒂一样，都不算是一种战争行为"。佐治亚州的辉格党人亚历山大·H.斯蒂芬斯则认为，詹姆斯·诺克斯·波尔克应对引发战争负全部责任，并且这是"一场詹姆斯·诺克斯·波尔克制造的、违反国家宪法的战争"。路易斯安那州的民主党人约翰·H.哈曼森呼吁人们注意一个显而易见的事实，即如果国会议员关于这是"一场詹姆斯·诺克斯·波尔克制造的、违反国家宪法的战争"的指控是正确的，那么国会也不能逃避自己的责任。约翰·H.哈曼森声称，如果美国"向格兰德河进军引发了战争"，那么国会就是"这场战争的从犯"。

目前提出的最重要问题其实是《威尔莫特但书》本身的问题。北方人坦率地声明，他们不允许更多的蓄奴州加入联邦，并且拒绝将密苏里妥协线应用于任何未来收购的土地。这也预示着1861年，北方人拒绝承认将美国两个分裂阵营联系在一起的纽带。为表达对自己提出的修正案的支持，约翰·麦克弗森·贝里恩谴责了收购新墨西哥和加利福尼亚的计划。首先，约翰·麦克弗森·贝里恩呼吁南方参议员反对收购任何领土，因为可以肯定的是，在任何领土上，南方的奴隶制都无法得到保障。其次，约翰·麦克弗森·贝里恩呼吁全体参议员反对收购任何领土，以便"把这个可怕的问题从国民议会中清除出去"。约翰·C.卡尔霍恩说，南方州如果得到消息确定在即将获得的领土上废除奴隶制，那么可能会反对战争的进行。托马斯·科温用几乎每个美国小学生都熟悉的语言谴责了扩张主义者对"空间"的要求，并且站在反奴隶制的立场上反复强调约翰·麦克弗森·贝里恩和约翰·C.卡尔霍恩对南方各州发出的警告。"我如果是墨西哥人，"托马斯·科温说，"那么会问，难道你的国家没有地方埋葬死人了吗？如果你来到我的国家，那么我们会用沾满鲜血的双手热烈欢迎你，欢迎你进入坟墓！"在众议院，由于比例代表制，南方州占有政治优势。纽约州民主党人乔治·O.拉思本、佛蒙特州辉格党人威廉·厄珀姆，以及另外一些人都反对任何形式的领土扩张。康涅狄格州的约翰·米尔顿·奈尔斯表示，这是一场正义的战争，他很遗憾看到一些主要的参议员运用口才和能力使国家对这场战争做出不恰当的处置。然而，对奴隶制，约翰·米尔顿·奈尔斯表示仅限于忍受已建立奴隶制的地区，不会再做进一步的退让。纽约州民主党人费尔南多·伍德和其他支持《威尔莫特但书》的人，都对废奴主义的指控表示了否认，但他们声称反对奴隶制的运动不仅仅来自政治家，更多的来自人民。对《威尔莫特但书》，俄亥俄州的约书亚·里德·吉丁斯也表示赞成，这主要是因为他反对奴隶制。对这一切，有人回应称，奴隶制经过宪法和《圣经》的承认与批准，而南方人民以自己的血汗或财富为代价赢得公平份额的权利应得到大力支持。

其实，无论《威尔莫特但书》的起源是什么，它都坚定了民众根深蒂固的信念，并且被证明是两个全国性政党前进路上的障碍。1848年的会议中，民主党拒绝谴责《威尔莫特但书》，而辉格党则拒绝批准它。《威尔莫特但书》陈述的是一个基本问题，尽管不是很完整。因为它，美国历史上发生了一场著名的斗争。在民主党和辉格党努力使《威尔莫特但书》处于从属地位的过程中，共和党终于发展起来了。共和党明确表示接受《威尔莫特但书》的原则，但这样做使它成为仅能在自由州存在的政党。然而，我们不妨质疑一下，两个国家政党的犹豫不决是否最终并没有挽救联邦。1850年以前，南北双方的愤怒和厌恶只是到了双方可能愿意和平分离的地步。然而，从1850年起，南北双方的敌意逐渐增长，此时想要分开的话，必定会发生战争。

《威尔莫特但书》的作用是表明北方和南方的理想与利益之间存在不可调和的差异，它加强了南方对自己的保护。与此同时，北方加强了对外扩张的力量。南北阵营的形成现在进入最后阶段。在公开和私下的谈话中，越来越多有思想的人开始频繁地对分裂展开预测。美国人的扩张主义倾向绝对没有被压制。事实上，对战争，美国人是否有所克制，是否受到强烈的谴责都值得怀疑。实际上，这更多的是政治策略的问题，而不是顺从绝大多数民众意愿的问题。政府的政策很自然地为对手提供了批评自己的机会。然而，在新占领的领土上，究竟是北方还是南方的工业体系和社会制度占主导地位，这个问题直接牵动着所有人。在民众面前，在《威尔莫特但书》清楚地提出这一问题后，各自由州的立法机构，甚至是特拉华州的立法机构，立刻通过决议，支持《威尔莫特但书》的措施，禁止实行奴隶制。此前，已有十个立法机构用同样的方式表明自己的观点。显然，这是一项受欢迎的运动，决策者不会提出反对意见。私底下，詹姆斯·诺克斯·波尔克表达了自己对民主党混乱状况的不满，而那些自称支持政府的人最后背叛了他。恶意地把奴隶制问题牵扯进国家政治中，这种做法徒劳无益。随着政党的分裂，旧的议题很快失效，并且逐渐融入新议题。反过来，在这些议题中，奴隶制问题很快覆盖了其他所有问题，成为最重要的议题。南北阵营的形成过程严重威胁到联邦的团结。

第 17 章

1848年总统大选

（1847年至1848年）

精彩看点

自由党的提名大会——关于纽约代表权的争论——詹姆斯·诺克斯·波尔克与激进派的关系——民主党候选人刘易斯·卡斯——政纲草拟委员会少数派的决议——扎卡里·泰勒获得辉格党提名——扎卡里·泰勒的性格特征——民众对1848年总统大选的态度

1847年美墨战争中取得的军事胜利引起了广泛的反响，奴隶制问题的爆发令人兴奋，各党派开始为下一届总统竞选结盟。各党派领导人一直在焦急地期待这次竞选，其中，有些人甚至已等待多年。很难说清楚，这些人的行为在多大程度上来自他们对总统社交聚会中模棱两可话语的解读。在日记中，詹姆斯·诺克斯·波尔克经常抱怨，詹姆斯·布坎南想成为总统的野心削弱了自己在内阁中的作用。詹姆斯·诺克斯·波尔克认为，对自己的任命表示不满，以及过早地决定谁应成为自己的继任者的竞争行为，已改变了国会名义上民主党的多数优势，实际转变为辉格党成员的多数优势。事实上，真正有讽刺意味的地方在于，詹姆斯·诺克斯·波尔克这位特殊的总统可能比任何人都更好地完成了自己的整个就职计划，他本应为自己是政党叛变的牺牲品而感到悲伤。正是因为詹姆斯·诺克斯·波尔克的成功，才引起其他人强烈、持久地反对，才使他所属的民主党分成几个派别，并且最后面临彻底分裂的危险。詹姆斯·布坎南有理由相信，

1846年秋，宾夕法尼亚州民主党在大选中成功逆转，是因为《沃克关税法案》才取得来之不易的胜利。1844年，詹姆斯·诺克斯·波尔克从马丁·范·布伦手中夺取了总统提名。这是一次更重要的胜利，在1848年总统大选的结果中得到了证明。

美洲原住民政党是第一个为准备竞选成为詹姆斯·诺克斯·波尔克继任者而举行全国大会的政党。当时，该党的重要性不大，其提名的意义也不大。1847年9月，在费城，美洲原住民政党代表大会举行。大会没有提名总统候选人，但推荐了扎卡里·泰勒为总统候选人；提名马萨诸塞州的亨利·亚历山大·斯卡梅尔·迪尔伯恩将军为副总统候选人。

亨利·亚历山大·斯卡梅尔·迪尔伯恩将军

1847年11月，自由党，或者叫作废除党，在纽约召开继美洲原住民政党代表大会后的第二次提名大会。大会提名新罕布什尔州的约翰·P. 黑尔为总统候选人，俄亥俄州的莱斯特·金为副总统候选人。约翰·P. 黑尔的经历使他很自然地成为废奴主义者的提名人选。然而，自由州中反对奴隶制的人群不接受加里森派废奴主义者[①]的极端做法，而政治废奴主义者的选票太少，除了在实力较强的组织候选人中做出决定，根本起不到任何作用。因此，当马丁·范·布伦的提名在民主党内产生分歧时，约翰·P. 黑尔便不再支持马丁·范·布伦。1848年6月，被称为"自由联盟"的废奴主义者中一个激进派提名纽约州的赫里特·史密斯为总统候选人，俄亥俄州的查尔斯·C. 富特为副总统候选人，但这些提名似乎没有赢得任何选票。1848年6月13日，在费城，举行了由劳工组织代表组成的"工业大会"，并且提名了赫里特·史密斯和伊利诺伊州的威廉·S. 韦特，但此次提名同样没有什么效果。

1848年5月22日，在巴尔的摩，民主党全国代表大会召开。在提名或制定纲领前，大会不得不先解决关于纽约代表权的争论。这个问题非常重要，需要仔细审议。此次争论实际上是1844年总统大选斗争的残留问题。至此，纽约州的民主党已分为两个对立的派系，即"保守派"和"谷仓燃烧派"，这是双方给对手起的名字。"谷仓燃烧派"又被称为

---

① 与其他反对奴隶制的人不同，加里森废奴主义者在性别和种族平等方面的想法更先进。加里森废奴主义者主张在美国直接解放奴隶，不向奴隶主提供补偿。——译者注

"激进派",是激进的改革者,他们被幽默地描述成为除掉老鼠愿意烧掉"政治谷仓"的人。保守派被解释为渴望获得"职位"的人,但这个解释并不是非常准确。"激进派"的代表人物是马丁·范·布伦和赛拉斯·赖特。1844年,赛拉斯·赖特虽然拒绝了副总统提名,但在当年秋季他参加了纽约州州长竞选,并且以比詹姆斯·诺克斯·波尔克多出约5 000票的多数票获胜。赛拉斯·赖特的朋友认为民主党取得全国范围的胜利是赛拉斯·赖特的功劳。另外,据指控,在总统大选中,詹姆斯·诺克斯·波尔克能以微弱优势获得胜利,是由于赛拉斯·赖特和马丁·范·布伦忽视了总统竞选的拉票活动。

没有理由认为詹姆斯·诺克斯·波尔克也相信这种指控。相反,詹姆斯·诺克斯·波尔克首先邀请赛拉斯·赖特出任财政部部长。遭到拒绝后,詹姆斯·诺克斯·波尔克又邀请另一位激进派成员本杰明·富兰克林·巴特勒担任这一职位。本杰明·富兰克林·巴特勒很符合该职位的任命要求,但他同样拒绝了,因为他想成为国务卿。詹姆斯·诺克斯·波尔克拒绝与任何一派明确结盟。1846年,赛拉斯·赖特再次参加纽约州州长竞选,但最终落选。詹姆斯·诺克斯·波尔克将赛拉斯·赖特的失败归咎于保守派,并且表明不再给保守派提供任何帮助。然而,1847年,詹姆斯·诺克斯·波尔克转而谴责激进派,指责激进派在1847年11月的选举中击败了纽约州民主党。从那时起,詹姆斯·诺克斯·波尔克对激进派的容忍度逐步降低。1848年5月,詹姆斯·诺克斯·波尔克抱怨称,保守派和激进派只关心自己的官职,对政事毫不关心。随着自由土地党在布法罗召开会议指定时间的临近，詹姆斯·诺克斯·波尔克的内阁成员一致认为，参与激进派运动的联邦官员应被免职。布法罗大会结束后，詹姆斯·诺克斯·波尔克将本杰明·富兰克林·巴特勒的联邦地方检察官职位撤销。1848年秋季选举后，詹姆斯·布坎南将政府印刷品的一部分份额给了激进派报社，即《罗切斯特每日广告报》，但詹姆斯·诺克斯·波尔克干预了此事，并且指示取消这一安排。

本杰明·富兰克林·巴特勒

然而，詹姆斯·诺克斯·波尔克从一开始就不可能保持对纽约州各个派系的中立立场。马丁·范·布伦获得了绝大多数代表的支持。不过，或许是由于个人偏好，或许是得到某些指示，1844年，马丁·范·布伦失去了被提名的机会，这个结果让人很难理解。如果说在纽约州的选举中，赛拉斯·赖特的得票率高于詹姆斯·诺克斯·波尔克不是打击报复的结果，那么就意味着总统詹姆斯·诺克斯·波尔克对马丁·范·布伦的追随者负有不可轻易推卸的责任。毫无疑问，詹姆斯·诺克斯·波尔克确实在认认真真地把事情弄清楚。在詹姆斯·诺克斯·波尔克转而支持保守派前，赛拉斯·赖特和本杰明·富兰克林·巴特勒已先后在内阁中占据一席之地。詹姆斯·诺克斯·波尔克与激进派的关系逐渐恶化。最终，激进派以《威尔莫特但书》为武器，既可以有效地与政府抗衡，又可以用它来对付保守派。

1848年，在民主党全国代表大会上，保守派和激进派各派一组代表出席。保守派获得了民主党常规州会议的控制权，将一项包含《威尔莫特但书》实质内容的决议搁置，并且以纽约州民主党的名义发表了一次演说。随后，保守派和激进派单独举行会议。会议中，激进派表达了自己支持《威尔莫特但书》的意愿。这次民主党全国代表大会想要妥善地处理好两个派别的问题，接纳保守派和激进派，并且给予双方各一半的纽约州选票，但保守派和激进派都拒绝了。保守派承诺支持民主党全国代表大会的提名人，但激进派对此表示拒绝。

民主党全国代表大会对候选人的无记名投票中，从一开始,刘易斯·卡斯就遥遥领先。第四轮投票中,刘易斯·卡斯获得了绝对性的多数票优势。根据大会规则,应获得三分之二的多数票才可以取得胜利。接下来,还需要提到的候选人是詹姆斯·布坎南和利瓦伊·伍德伯里。赛拉斯·赖特如果还活着,那么无疑将在1848年总统大选中,甚至是民主党全国代表大会上发挥重要作用,但他已于1847年8月去世。第二轮投票中,肯塔基州的威廉·奥兰多·巴特勒将军被提名副总统。

  民主党人很难找到一个比刘易斯·卡斯更强大,能够在选举中获得最高票数的人。作为领导人,刘易斯·卡斯既聪明又保守,在政党中享有很高的威望,非常受欢迎。刘易斯·卡斯选择支持人民主权论学说,只不过是在践行粗浅的西方政治哲学,遵循着似乎最不会受到阻碍的路线,从而努力协调南北阵营的差异并促进国家健康发展。刘易斯·卡斯是一个有趣的人,是真正的美国式人物,他的性格特征受到旧西北领地①的影响。由于评论家缺乏洞察力,刘易斯·卡斯被严重误解和曲解。因为这是一场规模宏大的政治革命和社会革命,年轻一代很难从刘易斯·卡斯的角度看待问题,进而导致判断不公正。废奴主义者认为刘易斯·卡斯屈服于奴隶制的利益。对盲目的拥护者来说,刘易斯·卡斯只是一个无原则的追求者,一味地追求总统这一职位而已。无论是北方还是南方的激进主义分子,他们都不能真正地理解刘易

---

① 旧西北领地,美国独立战争后形成的,包括五大湖、密西西比河和俄亥俄河之间的土地。——译者注

刘易斯·卡斯

斯·卡斯的行为。像绝大多数西部人一样,刘易斯·卡斯是一个彻底的扩张主义者,他与丹尼尔·韦伯斯特、亨利·克莱和亚伯拉罕·林肯一样,认为维护联邦比消灭甚至镇压奴隶制更重要。这能够从根本上解释刘易斯·卡斯的政策和职业生涯。

在民主党全国代表大会的最后阶段,候选人的政策宣言形成了。委员会多数成员通过了决议草案。从开始部分,到决议赞成"重新占领俄勒冈和重新兼并得克萨斯",除了一两处细微差别,决议草案大体上重复了民主党全国代表大会的纲领。决议草案报告的第七项决议否决了国会干预各州内部权力机构,并且谴责了所有敦促国会彻底处理奴隶制问题的行为。关于俄勒冈和得克萨斯部分的决议,再加上1844年通过的四项决议,1848年决议草案共有八项决议。其中,前三项决议是关于美墨战争的,表明战争是由墨西哥发起的;对美国来说,这是一场"公正和必要的战争"。决议谴责了反战争的行为,并且宣称,如果墨西哥拒绝接受《瓜达卢佩-伊达尔戈条约》,那么美国政府有责任实施必要的措施,让美国与墨西哥的冲突继续下去。决议还赞颂了军人那些以前属于侵略的行为。后三项决议提到了同时期发生在巴黎的革命。决议对法兰西王国国民大会致以兄弟般的祝贺,并且承认了美国抵制"一切垄断和排他性立法"的责任。随后的决议是对政府强烈的普遍认可,并且祝贺总统詹姆斯·诺克斯·波尔克取得的"辉煌成功"。威廉·朗兹·扬西领导的政纲草拟委员会少数派提出一项议案,支持"无论是在美国各州上还是在美国所占领土上,除了对与他们有利害关系的党派,任何人不得干涉联邦任何地区人民的财产权",但该议案以36票比216票的投票结果被否决。民主党如果决定采纳人民主权论原则,那么就必须以其他方式或者在其他时间采用。

  支持政纲草拟委员会少数派议案的投票全部来自南方,这表明了南北阵营的发展情况。民主党全国代表大会所做报告表明,大会提名的候选人认为国会无权干涉各州或所占领土的奴隶制问题。在所做的报告中,多数派采纳了这个原则,但目前仅运用于数州。为彻底解决这个问题,在新占领的领土上,少数派希望采取同样的原则。那些投票反对政纲草拟委员会少数派议案的南方代表解释说,他们认为多数派所做报告已充分涵盖了这个问题。然而，这次的投票表明，人们普遍希望能够制止对奴隶制的煽动。这种感觉的另一个证据是，大会显然不愿意讨论《威尔莫特但书》，并且每当讨论到《威尔莫特但书》这个问题时，就会有人迅速呼吁大家遵守秩序。

1848年6月7日，在费城，辉格党全国代表大会召开。大会必须从三个总统候选人中做出选择：亨利·克莱、温菲尔德·斯科特和扎卡里·泰勒。对亨利·克莱，大多数辉格党人的热情没有丝毫减退，但亨利·克莱三次竞选总统最终都失败了。多年前，温菲尔德·斯科特有可能成为总统，其中，部分原因是他在1812年战争中获得了军事声望。1839年12月，在哈里斯堡举行的辉格党提名大会上，温菲尔德·斯科特获得了部分选票。美墨战争前夕，辉格党暂时将注意力转向温菲尔德·斯科特。然而，温菲尔德·斯科特行事草率，无法处理众多事务。虽然温菲尔德·斯科特继续待在华盛顿，但扎卡里·泰勒在美墨战争中已成为英雄，并且民众对他的评价迅速超过了温菲尔德·斯科特。美墨战争爆发时，特伦顿和纽约的公众集会推举扎卡里·泰勒为总统候选人。布埃纳维斯塔战役后，一场支持扎卡里·泰勒的运动几乎席卷了美国。

从一开始，在辉格党全国代表大会上，扎卡里·泰勒就占据了显著优势。然而，扎卡里·泰勒曾是偏南部地区的一名奴隶主，为此，北方的辉格党人不信任他。有人试图用扎卡里·泰勒曾经说过的话来击败他。扎卡里·泰勒虽然承认自己是辉格党人，但明确否认自己是政党候选人。俄亥俄州的一个代表提出了一项提议，建议大会不要提名任何不遵守辉格党政策的候选人，但该提议遭到普遍反对，并且被裁定为不符合程序。纽约州和俄亥俄州的大多数代表直到最后一轮投票前，都拒绝将票投给扎卡里·泰勒。在第四轮投票中，扎卡里·泰勒以压倒性的多数票获得了提名。第二轮投票中，纽约州的米勒德·菲尔莫尔获得副总统提名。随后，俄亥俄州的代表团做出努力，为《威尔莫特但书》争取支持票。宾夕法尼亚州的多数派代表提出了一项与《威尔莫特但书》大意差不多的提议，但这项提议被搁置。在没有做出丝毫原则声明的情况下，辉格党全国代表大会就休会了。

米勒德·菲尔莫尔

扎卡里·泰勒品格高尚、性格坚强，他有着丰富的战争经验，但几乎没有任何政治经验。扎卡里·泰勒可能是辉格党能够推荐的最强劲的候选人，但不是最合适的候选人。如果提名一个自始至终都是辉格党的人，尤其是一个极力反对战争的人，那么最终可能会导致竞选失败。在这场总统竞选的斗争中，扎卡里·泰勒的英雄名声，在辉格党全国代表大会和民意调查中起着决定性作用。扎卡里·泰勒以前的奴隶主身份，非但没有让北方选民疏远他，反倒大大增加了他在南方的势力。其中，扎卡里·泰勒的性格起到了很大的作用，他有勇气，有责任心，通情达理。这些品质帮助扎卡里·泰勒克服了困难。面对竞选过程中遇到的困难，单纯的政治家的训练和直觉是无济于事的。扎卡里·泰勒因缺乏经验不得不听从他人的建议，但良好的判断力和不屈不挠的决心使他能够在混乱的反对意见中保持镇定，并且能够做出最好和最明智的选择。

辉格党全国代表大会后发生了一场运动。该运动联合各种势力，反对刘易斯·卡斯和扎卡里·泰勒。其中，最重要的反对力量来自激进派。激进派成员给出了不同的理由，不管这些理由是新的还是旧的，都是为了报复刘易斯·卡斯及其盟友。1848年6月22日，在尤蒂卡，激进派召开大会，提名马丁·范·布伦为总统候选人、威斯康星州的亨利·道奇为副总统候选人。当时，辉格党和民主党中支持《威尔莫特但书》的人不满所属党派的回避政策，并且准备相互协助，组建另一个党派。民主党人反对刘易斯·卡斯，因为刘易斯·卡斯反对《威尔莫特但书》；而辉格党反对扎卡里·泰勒的理由，前文已说明。亨利·威尔逊说，在扎卡里·泰勒被提名后，在费城，并且就在举行辉格党全国代表大会的那栋楼里，15名与扎卡里·泰勒势不两立的辉格党代表召开了会议。其中，6名代表来自俄亥俄州，他们采取措施，呼吁召开全国代表大会，反对扩大奴隶制。大家一致认为，如果可以这样安排，那么本应在1848年6月22日俄亥俄州哥伦布市召开的大会上发出呼吁。后来，按照安排，1848年8月9日，在布法罗召开了全国自由土地党大会。

亨利·威尔逊

尽管辉格党和民主党的动机不一样,但以《威尔莫特但书》作为共同基础,它们很容易联合起来,并且与政治上已分离的自由主义者或者废奴主义者联合在一起。全国自由土地党大会如期举行,共有来自18个州的465名代表参加。其中,包括蓄奴州特拉华州、马里兰州和弗吉尼亚州的代表。在总统候选人第一轮提名中,马丁·范·布伦获得244票,新罕布什尔州的约翰·P. 黑尔获得181票。这两位候选人恰好代表了大会中的辉格党和民主党。为做到问心无愧,约翰·P. 黑尔放弃了民主党,把他的政治前景押在《威尔莫特但书》这一议题上;为报复刘易斯·卡斯,马丁·范·布伦破坏民主党。投票结果不能视为对各自实力的检验,因为有许多《威尔莫特但书》的支持者仍排斥废奴主义者。

激进派最初提名亨利·道奇作为副总统候选人,但遭到了他的拒绝。现在,有必要找一个人接替他。马萨诸塞州的查尔斯·弗朗西斯·亚当斯是合适的人选,他是约翰·昆西·亚当斯的儿子。全国自由土地党大会以口头表决的方式一致同意查尔斯·弗朗西斯·亚当斯为副总统候选人。随后,全国自由土地党大会通过了一项包含以下决议的纲领:赞成廉价邮资;紧缩开支;在可行的情况下,由人民选举所有民事官员;赞成内部改进;免费给予定居者公共土地;实施能为政府提供足够收入的关税政策。然而,决议扩大了奴隶制问题的范围,否认打算干涉各州的奴隶制存在情况,但宣布适当的政策是"限制、本地化和阻止"奴隶制。最后,通过宣读自由土地党的箴言"自由的土地、自由的言论、自由的劳动和自由的人民"结束了全国自由土地党大会。由此，自由土地党成立，并且以各种名义存在了近八年。不过，自由土地党仅有少数成员进入国会，它最终并入共和党。

对1848年的总统大选，民众远没有1840年和1844年那样充满激情。除了4个新州，其他地方的普选投票数仅比1844年略有增加。与刘易斯·卡斯相比，在民众投票选举中，扎卡里·泰勒获得了近15万人的多数票，在选举人中获得了36票的多数票。所以即使纽约州或宾夕法尼亚州投票支持刘易斯·卡斯，扎卡里·泰勒也会获胜。在宾夕法尼亚州，因为《沃克关税法案》，主要的影响因素依旧没有协调好。在纽约州，保守派和民主党都受到了应有的惩罚。因为纽约州的投票结果大概是：扎卡里·泰勒为21.8万票，马丁·范·布伦为12万票，刘易斯·卡斯为11.4万票。也就是说，仅仅因为民主党人的分裂，扎卡里·泰勒就获得了不少选票。对整个国家来说，这个结果极大地表明了该时期的政治惰性，也导致当时在南北阵营形成过程中为经济和社会力量所做的巨大努力成了泡影。8个自由州和7个蓄奴州都支持刘易斯·卡斯，而对扎卡里·泰勒来说，数字完全相反，他得到了7个自由州和8个蓄奴州的支持。未来分裂依旧是一个棘手的问题。

总体来看，国会选举的结果有利于民主党，因为民主党共选出112名国会议员，而辉格党只有105名国会议员。自由土地党人的13名国会议员保持着权力的平衡。在纽约州议员团中，激进派的劣势很明显。在纽约州34名成员中，只有1名自由土地党人和1名民主党人，其余都是辉格党人。然而，在参议院中，民主党有10人，属于多数派。

很难把1848年的总统大选坚定地描述为一场没有问题的竞选。民主党和辉格党的实力都非常强，任意一方都可能获胜，但没有一方试图将人民团结起来，去捍卫一些重要的原则。实际上，此次总统大选决定的唯一事情就是，任命一位辉格党的将军为总统，因为这位将军在民主战争方面做出了卓有成效的工作。这只是当时历史潮流中的一个旋涡，在这个旋涡中，所有的力量和方向似乎都已丧失。

第18章

地峡外交

（1846年至1850年）

精彩看点

巴拿马地峡项目重新引起关注——《1783年凡尔赛条约》——英国的侵占行为——美国开始参与中美洲事务——特万特佩克地峡计划失败——《克莱顿-布尔沃条约》

俄勒冈问题的解决,以及收购加利福尼亚的前景,赋予了穿越巴拿马地峡这条旧路线新的意义。该路线极大地缩短了联邦各州与新占领领土的距离,并且促使整个联邦建立起一条更亲密、更重要的纽带。本章的目的是解释巴拿马地峡这一项目如何重新引起关注,并且在1850年的《克莱顿-布尔沃条约》中得以实现。

早在西班牙国王卡洛斯一世统治时期,西班牙就需要更好的设施来促进自己与殖民地秘鲁和菲律宾的运输贸易发展。由此激发了穿越巴拿马地峡,修建一条航道的计划。然而,对当时欧洲任何一个政府的自由资本和精力来说,这项计划的规模都太庞大了,根本无法实施。到16世纪末,英国的精锐海军摧毁了西班牙的"无敌舰队",并且打破了西班牙在美洲贸易的垄断地位。至此,西班牙关于冒险事业的梦想完全破灭,并且永远消失。

但对英国人来说,他们仍然有可能实现这种梦想。随着英国在地峡事务中的影响力逐渐增大,实现梦想的可能性似乎也越来越大。17世纪上半叶，英国殖民者定居在伯利兹，也就是后来叫"英属洪都拉斯"的地方。后来，英国移民者向南，定居在莫斯基托海岸，也就是现在的尼加拉瓜。《1783年凡尔赛条约》声明，在伯利兹的英国定居者享有某些商业特权，但所有其他可能分散在"西班牙大陆"①的英国殖民者需在18个月内退居到伯利兹；并且承认西班牙对巴拿马地峡的主权。然而，这些定居者从未按照《1783年凡尔赛条约》的条款集中起来。

1823年，中美洲国家组成联盟，宣布脱离西班牙，取得独立。1835年，在危地马拉声称的领土范围内，英国的定居者在伯利兹召开了一次会议，将伯利兹改为洪都拉斯，并且请求伦敦政府承认洪都拉斯及附属地，还有莫斯基托海岸为英国正式的殖民地。英国政府没有按照当时的请愿书行事，但声称莫斯基托海岸，或者称莫斯基蒂亚，成为受英国保护的领地，并且承诺实现该地区从尼加拉瓜获得独立。几年后，英国政府才正式承认洪都拉斯为英国的殖民地。随后，尼加拉瓜人被驱逐出莫斯基蒂亚，并且尼加拉瓜于1848年被迫通过条约声明放弃对位于圣胡安河河口港口的控制权。后来，英国将圣胡安河河口港口地区称为格雷敦。这些侵占行为似乎表明，任何试图建造和控制穿越地峡的过境路线的想法，都必须考虑英国的力量。

多年来，美国一直对中美洲事务有着比较浓厚的兴趣。

---

① 西班牙大陆，是对15世纪末到19世纪西班牙人在美洲建立的殖民地的统称。——译者注

它密切关注中美洲事务，但很少进行干涉。到詹姆斯·诺克斯·波尔克执政时期，美国开始参与中美洲事务，想要分一杯羹。在詹姆斯·诺克斯·波尔克的扩张政策中，地峡计划占有一定的地位。1846年，在新格拉纳达政府的要求和敦促下，美国与新格拉纳达，即后来为人们所熟知的哥伦比亚合众国签署了友好贸易条约。条约第二十五条规定，确保美国政府及美国人可以通过任何可行的方式穿过巴拿马地峡，并且新格拉纳达人民享有与美国人民同等的权利。另外，美国要确保巴拿马地峡的中立性，以及新格拉纳达对巴拿马地峡享有的主权。詹姆斯·诺克斯·波尔克怀疑这是否符合"与所有国家建立友好关系，不与任何国家结盟"的既定政策。然而，该条约最终于1848年7月12日获得正式批准。

巴拿马航线并不是唯一一条可以连通大西洋和太平洋的路线。英国对尼加拉瓜这条路线最感兴趣。然而，其实还有许多其他路线，其中，最北端的路线完全位于墨西哥境内，需跨越特万特佩克地峡。1847年，尼古拉·特里斯特专员收到的第一封指示性文件中，附有一项条约的草案。草案第八条保障了美国政府穿越特万特佩克地峡的权利。对获得新墨西哥和加利福尼亚，以及穿越特万特佩克地峡的特权，尼古拉·特里斯特得到授权，可以为此支付3 000万美元；如果不包括穿越特万特佩克地峡的特权，那么他只可以支付2 500万美元。当内阁审议这些指示性文件时，罗伯特·J.沃克表示，自己比新墨西哥和加利福尼亚更加重视跨越特万特佩克地峡的通行权，并且希望使之成为实现和平的必要条件，但他的意见被否决了。詹姆斯·布坎南希望在墨西哥建成一条穿越地峡的铁路或运河前，美国应保留为特许权支付的500万美元，但大多数人反对詹姆斯·布坎南的意见。

尼古拉·特里斯特会见墨西哥专员，提出了自己的条件。墨西哥专员则提出了一个相反的方案，并且该方案不包括过境特权。墨西哥专员解释说，几年前，墨西哥政府将过境特权的许可权转让给了英国公民，而墨西哥不能处置英国公民的权利。至此，努力解决该问题的想法似乎不再强烈。没有迹象表明现在的努力是否能在未来的谈判中发挥什么作用，并且这些努力没有促成条约的缔结。1847年7月15日，美国驻墨西哥前大使安东尼·巴特勒拜访了总统詹姆斯·诺克斯·波尔克。显然，安东尼·巴特勒很努力地想向詹姆斯·诺克斯·波尔克兜售一些关于特万特佩克地峡路线的信息，但詹姆斯·诺克斯·波尔克对此事不是很感兴趣，并且似乎很高兴能摆脱安东尼·巴特勒。

特万特佩克地峡计划失败后，人们的注意力转移到更偏南的路线上。为利用1848年美国与新格拉纳达签署的友好贸易条约中从新格拉纳达获得的特权，美国组织了一家资本公司来修建横穿巴拿马地峡的铁路，并且立即开始运营。另一家公司与尼加拉瓜政府签订了一份合同，协议在尼加拉瓜开通一条跨洋航道。詹姆斯·诺克斯·波尔克派遣特使伊莱贾·海斯到尼加拉瓜调查英国在当地的侵略行为。伊莱贾·海斯还缔结了一份未经授权的条约。根据该条约，美国政府或美国公民的公司有权修建和运营一条过境通道，但前提是美国应保证该通道的中立性并保护尼加拉瓜正当的领土主权。然而，该条约并没有递交到参议院。

伊弗雷姆·乔治·斯奎尔

从1849年开始，辉格党政府似乎更希望获得地峡过境的便利条件，而不是执行门罗主义。1849年，伊弗雷姆·乔治·斯奎尔取代伊莱贾·海斯，成为新的特使。伊弗雷姆·乔治·斯奎尔为美国另一家资本公司争取到了一条跨洋运河的特许权，并且通过谈判达成一项条约，使该资本公司获得通行权，但条件是美国应保证运河的中立性和尼加拉瓜在运河沿线领土的主权。根据这项条约，其他可能对这些条款感兴趣的国家获得了同样的特权。随后，因为英国政府已控制尼加拉瓜路线的东部终点站，并且还打算控制太平洋终点站，为推进运河项目，并且瓦解英国政府所做的努力，伊弗雷姆·乔治·斯奎尔从洪都拉斯手中争取到了位于丰塞卡湾的埃尔蒂格雷岛，将其割让给美国。然而，英国军队迅速占领了埃尔蒂格雷岛，以抵偿洪都拉斯对英国人的债务。伊弗雷姆·乔治·斯奎尔声明埃尔蒂格雷岛属于美国，并且命令英国军队撤离，但遭到拒绝。此事随后由英国政府与美国政府处理，两国的关系也在新的基础上进行了调整。

此次调整体现在1850年4月19日签署的《克莱顿-布尔沃条约》中。1850年7月5日，《克莱顿-布尔沃条约》获得英国与美国的批准。根据《克莱顿-布尔沃条约》，英国和美国一致同意，共同努力在尼加拉瓜路线上建造横跨地峡的运河，并且承诺双方都不会"为自己争取或者保留对该运河的独家控制权"，或"取得、行使对中美洲任何地方的统治权"；不会利用与任意一个国家的关系来获得与运河相关的权利，而不以同样的条件提供给《克莱顿-布尔沃条约》另一方的公民或者主体。只要运河管理中不存在"不公平造成的歧视"或"压迫性的苛求"，英国政府和美国政府就能保证运河的"中立和安全"，并且致力于邀请每个与英国和美国友好交往的国家加入《克莱顿-布尔沃条约》，"分享"为这项重要工程做出贡献的"荣誉和利益"。英国和美国正式承诺给予满足该运河建设条件的第一个人或公司以"支持和鼓励"。此外，《克莱顿-布尔沃条约》第五条明确规定，中立原则适用于地峡航线上的任何过境工具。

在交换批准的文件前，谈判代表的通信使《克莱顿-布尔沃条约》的意义有些模糊。1850年6月29日，英国特使亨利·布尔沃男爵致信国务卿约翰·M.克莱顿。信中，亨利·布尔沃男爵表明，他不理解《克莱顿-布尔沃条约》的义务是否适用于洪都拉斯或其附属国，也就是说，在承诺不获取或行使中美洲任何领土统治权的情况下，英国政府并没有将英属洪都拉斯及附属国考虑在内。"附属国"是指莫斯基蒂亚和英国在洪都拉斯湾拥有主权的一两个岛屿。约

约翰·M.克莱顿

翰·M.克莱顿承认这一点，他回答说，亨利·布尔沃男爵的疑虑是有道理的。如此一来，英国对莫斯基托海岸的保护权这个麻烦的、有时甚至是威胁性的问题悬而未决，并且这一问题一直困扰着美国的外交。

第 19 章

复杂的奴隶制问题

（1847年至1849年）

精彩看点

《格雷罗法令》——奴隶制扩张问题的解决方案——特别委员会提交的法案——新墨西哥和加利福尼亚的边界问题——组建地方政府——废除哥伦比亚特区的奴隶制和奴隶贸易——关于追回逃亡奴隶的问题

当时，最紧迫的问题是，对新占领的土地应怎么处理？1848年的总统大选并没有为这个问题提供任何答案。南北双方现在开始意识到各自的工业体系和社会制度存在不可调和的矛盾，因此，南北双方签订任何协议的希望变得越来越渺茫。由于奴隶制是南北双方最根本的差异，自然它也成为最大的冲突点。随着美国边界向西扩展，北方越来越迫切地想要阻止奴隶制也随之向西扩展。直到1850年，美国每增加一块领土，都是为了限制奴隶制的蔓延。《西北法令》将奴隶制排除在俄亥俄河以北的旧西北领地之外。在俄亥俄州领土组织的若干法案中，这种排除奴隶制的法令重复出现。在对立的南北阵营双方发生激烈冲突后，《密苏里妥协案》也将奴隶制排除在路易斯安那购置地北纬36°30′以北的那部分地区之外，但密苏里州除外。1845年的联合决议兼并条款将奴隶制排除在得克萨斯要求的北纬36°30′以北的领土之外。现在的问题是，是否允许奴隶制进入墨西哥在美墨战争结束时交出的广大地区。如果可以，那么在多大程度上允许奴隶制进入该地区？

在新墨西哥和加利福尼亚被征服时，法律禁止实行奴隶制。1829年9月15日，《格雷罗法令》颁布，要求在墨西哥废除奴隶制。然而，与得克萨斯一样，新墨西哥和加利福尼亚没有被豁免实施《格雷罗法令》。因此，在这些州，奴隶制是不合法的。颁布《格雷罗法令》，不符合墨西哥的做法。《格雷罗法令》似乎也很少受到关注。然而，1837年4月5日颁布的法令规定，墨西哥的奴隶制应全部废除，并且给予奴隶主补偿。不过，事实上，墨西哥任何地方都没有奴隶，奴隶制几乎没有机会与墨西哥劳役偿债制度进行经济竞争。因此，目前就奴隶制来说，新墨西哥和加利福尼亚在被美国军队占领时，在法律上和实际上都是自由的土地。

在被占领的领土上，占领权对政府地位的影响，特别是对奴隶制地位的影响并不明显。一旦完成占领，总统詹姆斯·诺克斯·波尔克就会立即指挥组建临时政府，并且声称是在权力范围内行事，不是宪法赋予的权力，而是国家法律赋予征服者的权力。然而，1846年12月22日，为回应众议院的一项调查决议，詹姆斯·诺克斯·波尔克否定了菲利普·卡尼为新墨西哥设立政府的行为，因为这些行为旨在建立一个永久的领地组织。虽然行政部门无法为占领的领土建立永久政府，但国会可以。1847年12月6日，在电文中，詹姆斯·诺克斯·波尔克建议国会在《瓜达卢佩-伊达尔戈条约》签订前就建立这样一个永久政府。显然，这个建议行不通。《瓜达卢佩-伊达尔戈条约》缔结后，正如詹姆斯·诺

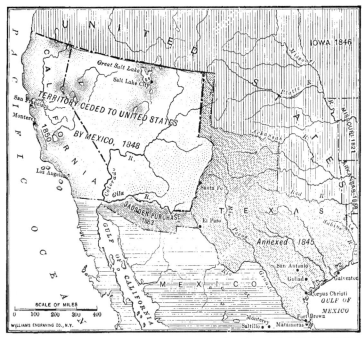

1848年到1853年，墨西哥割让给美国的领土

克斯·波尔克解释的那样，它的作用是发挥美国宪法和法律对加利福尼亚和新墨西哥的影响，从而使由行政部门设立的地方组织能够成为一个事实上的政府，而该地方组织除非经过国会同意才能允许其存在，否则不予承认。因为似乎没有其他更合理、更安全的选择可以替换该地方组织。

采纳《瓜达卢佩-伊达尔戈条约》的领土内，奴隶制问题仍然十分复杂。约翰·C.卡尔霍恩声称，国会没有权力，宪法也没有权力通过一项法律，"直接剥夺，或通过法律影响剥夺本联邦任何一个州的公民及其财产转移到美国任意一块领土上的权力"，从而在各州引发冲突。另外，有人争辩说，根据与美国宪法和法律不冲突的有效的墨西哥法律，新墨西哥和加利福尼亚已废除奴隶制。因此，除非宪法本身的作用是确保对所获领土上的奴隶的财产权，除非国会颁布法令，否则新占据的领土内不能存在奴隶制。然而，拥有奴隶的权利主要是根据各州或地方的法律和习俗确立的司法规定，而不是宪法或联邦法规做出的司法决定。

在战争进行到刚刚可以预见获得西南地区领土的希望时，西南地区的奴隶制合法性问题及其未来的存在问题立即浮现出来。自由州的许多政治领导人希望首先确定，如果能获得西南地区的领土，那么奴隶制应永久地被排除在它之外，然后再决定它的归属问题。另外，蓄奴州的许多人虽然赞成收购领土，但认为南北双方都无权要求将共同花费金钱和鲜血赢得的土地作为某一方工业和社会组织的专属领域。

针对目前正在形成的奴隶制扩张问题，共有几种不同的解决方案。《威尔莫特但书》是其中一个解决方案，但在新墨西哥和加利福尼亚被收购前，这个方案就已被明确地证明不切实际，无法执行。另一个解决方案建议采用1820年使用的老方法，这是在废奴运动前采用的地域划分的方法。当时，民族化进程还没有到这一步。这个方案也适用于兼并得克萨斯。这个方案如果能被接受，那么将被应用到太平洋沿岸北纬36°30′这条线上，即将自由土地区域与可能存在奴隶制的区域区分开的界线。结果将会是把新获得的领土划分为两个不对等的部分，其中，面积较大的区域应废除奴隶制。对路易斯安那购置地，南方获取的份额极小。因此，在西南地区，南方似乎很满足于同样微薄的分配。然而，许多南方人希望扩展密苏里妥协线，其中，就包括詹姆斯·诺克斯·波尔克。詹姆斯·诺克斯·波尔克的这一想法获得了内阁的一致同意。

然而，詹姆斯·诺克斯·波尔克支持扩展密苏里妥协线，主要是为了平息由奴隶制引发的骚动。詹姆斯·诺克斯·波尔克告诉参议员约翰·J. 克里滕登，"如果我们获得了新墨西哥和加利福尼亚，那么奴隶制问题可能永远不会成为一个实际问题。因为在北纬36°30′的密苏里妥协线以南，只有一块狭长的领土，在那里，奴隶制可能永远不会存在。"应记住的是，基于地域划分原则而产生的一系列妥协中，奴隶制利益集团已同意将奴隶制排除在北纬36°30′以北的各州之外，但密苏里州除外。只有在同意密苏里妥协线的情况下形成的各州，才有权选择是否实行奴隶制。因此，理论上来说，只有承认密苏里妥协线，才有可能形成自由州。

另一个解决方案是，国会为新墨西哥和加利福尼亚组建地方政府，但应禁止这些地方政府通过任何关于奴隶制的法律，并且应将奴隶制相关问题交由当地司法机关决定。约翰·C. 卡尔霍恩原本希望在不向美国最高法院上诉的情况下就做出决定，但为了司法解决，他愿意放弃最初的想法。

最后，在所有的解决方案中，最重要的一个方案是将奴隶制问题完全留给各州地方政府做决定。由于这个方案涉及在领土地位让位于国家以前通过地方行动来解决，因此，它也被戏称为"人民主权"方案。这个方案极大地迎合了西部的政治本能，并且本国人民已厌烦奴隶制带来的骚动，所以他们愿意尝试这个将奴隶制地方化的方案，并且该方案能减轻国家政府在奴隶制扩张时应承担的责任。这个方案最早于1847年提出，毫无疑问，是在《威尔莫特但书》的讨论过程中产生的。1847年12月14日，在参议院，纽约州安德鲁·B.迪金森提出决议，肯定了这一解决方案。1847年12月29日，刘易斯·卡斯给纳什维尔的阿尔弗雷德·奥斯本·波普·尼

阿尔弗雷德·奥斯本·波普·尼科尔森

科尔森写信，也表示赞成这个方案。后来，斯蒂芬·A.道格拉斯积极拥护这个方案。这个方案与斯蒂芬·A.道格拉斯的名字紧密地联系在一起，但他并不是该方案的作者。虽然1848年民主党拒绝将这个方案加入纲领，但它很快成为民主党政策的核心。约翰·C.卡尔霍恩及追随者否定了这个方案，他们声称各个地方的立法权由国会授予，并且各地人民没有废除奴隶制的权力。

1847年2月7日，《威尔莫特但书》作为《三百万法案》的修正案被否决后，关于奴隶制向西部扩展下一阶段的重要斗争在俄勒冈展开。1846年，与英国的妥协使美国拥有了俄勒冈的领土。因此，在俄勒冈建立一个地方政府已变得极其重要。在1846年8月5日的特别咨文中，詹姆斯·诺克斯·波尔克首先敦促了此事，并且传达了与英国达成的协议。在1846年和1847年的年度咨文中，詹姆斯·诺克斯·波尔克对此也有提及。最后，在1848年5月29日的一份特别咨文中，詹姆斯·诺克斯·波尔克转达了俄勒冈临时政府请求美国给予援助和保护的愿望。

1847年1月16日，对詹姆斯·诺克斯·波尔克的建议，众议院做出回复，通过了一项关于领土组织的法案。该法案将奴隶制排除在俄勒冈之外，不是像《威尔莫特但书》那样直接使用附加条款的形式，而是间接地重复《西北法令》中的限制性条款。这些限制性条款由俄亥俄州西北部的领土和各州继承，其中包括密歇根州。1834年6月28日，国会的一项法案建议将密歇根州的边界向西扩展，进而囊括位于密苏里河以东、路易斯安那购置地所有没有成立组织的地区。密歇根州的范围扩展后，该法案的限制性条款再次出现在艾奥瓦和明尼苏达的领土组织内，并且没有遭到任何反对。事实上，不需运用自然法则，《密苏里妥协案》已将奴隶制排除在新增加的区域外。1834年6月28日，国会的进一步向西扩展的法案针对的地区也包括俄勒冈。现在，《1848年俄勒冈议案》的制定者避开了不受欢迎的限制性条款，该议案为阻止南方奴隶制的扩张而产生，并且重新采纳了阻止奴隶制在北方进一步扩展的旧措施。新旧两种措施的差异主要在于观点不同，这非常重要。仍然坚持地域划分原则的南卡罗来纳州的伊拉斯谟·伯特提出了一项修正案，给出了将奴隶制排除在俄勒冈之外的理由，即俄勒冈的所有领土都位于密苏里妥协线以北。然而，众议院仍以82票比113票的投票结果拒绝采纳这一修正案。

进一步向西扩展的法案被参议院搁置，而参议院关于领土组织的法案被一项排除奴隶制的拟议修正案阻止。在等待国会采取行动近一个月后，詹姆斯·诺克斯·波尔克着手消除拖延的原因，确保密苏里妥协线通过所有新获得的领土一直延伸到太平洋沿岸。詹姆斯·诺克斯·波尔克准备了一份体现这一主张的修正案，交由印第安纳州参议员兼领土委员会主席杰西·戴维·布赖特负责，并且要求他于1848年6月27日正式提出。杰西·戴维·布赖特与参议院和众议院的议员就修正案进行面谈，并且得到了其中一些人的同意。与此同时，自由土地党召开大会。在尤蒂卡，激进派提名马丁·范·布伦为总统候选人。关于俄勒冈问题，现在已扩展到加利福尼亚和新墨西哥。1848年7月6日，詹姆斯·诺克斯·波尔克向国会转交了已批准的《瓜达卢佩-伊达尔戈条约》，敦促国会为新领地组建一个地方政府。奴隶制骚动带来了越来越危险的想法。显然，国会必须迅速采取行动。

因此，1847年7月12日，参议院决定从新的角度来处理奴隶制这个棘手的问题，那就是妥协。一个由八人组成的特别委员会成立，两大政党各派两个南方人和两个北方人，特拉华州的约翰·M.克莱顿担任主席，负责审议当时摆在国会面前的关于扩大奴隶制的问题。特别委员会通过一项单一的措施来解决这些奴隶制的问题，尽可能地消除各党派和各阵营的影响。这可能会使南北双方认为这是一种补救措施，以防止可能出现的分裂。

特别委员会提交了一项关于俄勒冈、新墨西哥和加利福尼亚组织的单一法案。经过一整夜会议讨论后，1848年7月27日上午，参议院通过了该法案。这项法案批准了俄勒冈临时法。俄勒冈临时法把奴隶制排除在俄勒冈之外，并且该临时法要在不违背美国宪法或法案的情况下，服从当地立法机构的行动。然而，俄勒冈临时法禁止新墨西哥和加利福尼亚地方立法机构通过关于奴隶制的法律，并且规定地方法院需向美国最高法院提出上诉，最终才能决定当地奴隶制的地位问题。约翰·M.克莱顿的这项措施被称为"克莱顿妥协"。

参议院将特别委员会的法案提交给众议院后，立刻就被众议院搁置了。然后，众议院继续提出自己的新法案，处理俄勒冈地区领土问题，该法案于1848年8月2日通过；并且再次将《西北法令》中的"各种条件、限制和禁令"运用于新领地，再次将奴隶制排除在俄勒冈之外。参议院修正了特别委员会的法案，将密苏里妥协线延长到太平洋沿岸。然而，众议院以82票比121票的投票结果拒绝通过该法案。经过又一整夜的会议讨论后，参议院以29票比25票的投票结果缩小了投票差异。1848年8月13日星期日上午，参议院最终投票通过特别委员会的法案，并且通过将《西北法令》中的限制性条款运用于俄勒冈，禁止当地的奴隶制。

目前，俄勒冈的领土、政府问题由詹姆斯·诺克斯·波尔克负责。詹姆斯·诺克斯·波尔克和内阁一致认为，否决权会引起国家内部不同阵营相互对立，因此，他应批准特别委员会的法案。约翰·C.卡尔霍恩真切地恳求詹姆斯·诺克斯·波尔克站在宪法的立场来否决特别委员会的法案，但遭到了拒绝。然而，詹姆斯·诺克斯·波尔克也坚决反对詹姆斯·布坎南的建议，他坚持发文解释说，自己批准特别委员会的法案，仅仅是因为俄勒冈完全位于密苏里妥协线西部延长线以北地区。

与此同时，另一个十分严重的、涉及奴隶制扩张的问题在得克萨斯出现了。1848年7月10日，佐治亚州的亚历山大·H.斯蒂芬斯提出了一系列决议，要求詹姆斯·诺克斯·波尔克提供关于新墨西哥和加利福尼亚合理边界的信息，以及据说在新墨西哥和加利福尼亚存在公民政府的信息。1846年12月，在发表的年度咨文中，詹姆斯·诺克斯·波尔克表明，格兰德河从源头到河口都是得克萨斯州的边界。对此，亚历山大·H.斯蒂芬斯声称，全国十分之九的人都理解这一说法。亚历山大·H.斯蒂芬斯还声称，在新墨西哥，得到詹姆斯·诺克斯·波尔克授权的菲利普·卡尼设立了一个领地政府，该政府的首都位于圣菲。然而，在对约翰·斯莱德尔的指示中，詹姆斯·诺克斯·波尔克表示，得克萨斯共和国从未在新墨西哥建立过管辖权。对是否在新墨西哥设立政府，南部辉格党人亚历山大·H.斯蒂芬斯指出了上述观点的不一致，他的主要目的是打击南部民主党人詹姆斯·诺克斯·波尔克。奴隶制问题虽然在讨论范围外，但显然牵涉其中。如果位于埃尔帕索河上流、格兰德河以东的土地属于得克萨斯，那么根据得克萨斯的法律，那里可能存在奴隶制。如果位于埃尔帕索河上流、格兰德河以东的土地是新墨西哥的一部分，那么墨西哥的法律会将奴隶制排除在此地之外。

1848年7月24日，詹姆斯·诺克斯·波尔克做出回应，当地负责的官员已在新墨西哥和加利福尼亚设立临时政府。这是征服新墨西哥和加利福尼亚后应得的权利。这一做法尽管在一定程度上可能超出指令范围，但确实是在执行华盛顿政府的指令。这些临时政府的财政支持，并不是来自美国财政部，而是来自军用征税。然而，随着和平条约的签订，临时政府不得不停止征税。詹姆斯·诺克斯·波尔克认为，得克萨斯有很大的优势占领格兰德河上游以东的地区，但它从未采取措施进行占领；并且直到发现墨西哥人占领了格兰德河上游以东的地区后，美国才在那里建立临时政府。

不管得克萨斯人占领格兰德河上游以东的地区的要求是否合理，此时，新墨西哥和加利福尼亚的政府组织还没有建立起来。1848年8月27日，托马斯·哈特·本顿给加利福尼亚人写了一封信，其实也是写给新墨西哥人的。托马斯·哈特·本顿建议加利福尼亚人召开大会，组建一个"方便、简单的政府"来应对自身的问题，直到国会为他们组建政府。詹姆斯·诺克斯·波尔克认为，这封信的目的是促使约翰·C.弗里蒙特成为加利福尼亚的地方长官。为此，内阁召开会议，一致同意，指示即将前往加利福尼亚的美国邮政事务官，通知加利福尼亚人，他们无权自己组建政府，并且建议他们继续服从事实上的临时政府。

1848年12月，新一届国会开幕。詹姆斯·诺克斯·波尔克发表年度咨文，再次敦促为加利福尼亚和新墨西哥组建地方政府，并且建议将密苏里妥协线延长到太平洋沿岸。詹姆斯·诺克斯·波尔克还建议，作为另一种选择，可以将加利福尼亚和新墨西哥关于奴隶制的问题提交给司法机关处理。由于奴隶制问题引发的骚动重新开始了，并且变得比以往任何时候都更加激烈。所有关于解决奴隶制问题的措施，似乎没有一个能赢得参议院和众议院足够的选票以获得通过。1848年12月11日，在参议院，斯蒂芬·A.道格拉斯提出了一项法案，建议将墨西哥割让地①组建为一个单独的州，称之为加利福尼亚州，但保留国会在内华达山脉以东的任何地方组建新州的权利。1848年12月13日，国会收到一份自称来自新墨西哥人民大会的请愿书，要求建立一个地方政府，抗议任何有利于得克萨斯州"瓜分"新墨西哥领土的行为，并且要求得到国会保护，反对引入奴隶制。

---

① 墨西哥割让地，指美墨战争结束后，墨西哥于1848年在《瓜达卢佩-伊达尔戈条约》中割让给美国的土地，为现代美国西南部。——译者注

詹姆斯·诺克斯·波尔克支持加利福尼亚的州政府地位，也支持新墨西哥建立地方政府。与斯蒂芬·A.道格拉斯相比，詹姆斯·诺克斯·波尔克的观点占了上风。因为斯蒂芬·A.道格拉斯虽然详细修正了自己关于加利福尼亚和新墨西哥建州的法案，但忽略了奴隶制问题。与此同时，司法委员会的大多数成员反对斯蒂芬·A.道格拉斯提出的法案，并且建议在内华达山脉以西建立加利福尼亚地方政府，在得克萨斯州以西组建新墨西哥地方政府。不过，参议院没有直接表态接受哪一项建议。众议院采取行动的速度虽然十分缓慢，但很有效。1848年12月13日，俄亥俄州的约瑟夫·M.鲁特提出一项提案，指示各地方委员会立即提出一项或多项法案，规定加利福尼亚和新墨西哥组建地方政府，并且在其领土内排除奴隶制。于是，一系列法案得以提出。1849年2月29日，关于加利福尼亚地方政府的法案在众议院获得通过，但参议院拒绝接受。

在此期间，关于奴隶制的另一个问题引起了美国政府和民众的关注，即哥伦比亚特区奴隶制和奴隶贸易的法律地位问题。这个问题比以往任何一个问题都更容易引起不同区域的纷争。随着南北阵营在利益和观念上的分歧，北方对南方独特观点的容忍度逐渐降低，对国家政府的特殊范围也越来越不满意。尽管这些区域在地理上是南方的，并且处在蓄奴州的中心，但他们认为应在这些区域排除奴隶制。即使南方认为宪法保护奴隶财产权，但既然北方否认保护奴隶财产权，那么如果要在任何地方撤销这种财产保护，最有可能发生的就是国会直接管辖的哥伦比亚特区。

于是，1848年12月13日，马萨诸塞州的传教士兼作家约翰·戈勒姆·帕尔弗里根据以前俄亥俄州约瑟夫·M.鲁特的提案，请求众议院再批准一项法案，废除国会在哥伦比亚特区建立或维持奴隶制、奴隶贸易的所有法规。众议院的投票结果是69票比82票，因此，该法案没有得到批准。1848年12月18日，俄亥俄州的约书亚·里德·吉丁斯提出一项法案，授权哥伦比亚特区的民众投票决定他们是否希望继续实行奴隶制。当被问及这项法案的用意时，约书亚·里德·吉丁斯解释说，这项法案规定所有的黑人，无论他是奴隶还是自由人，都应参加投票。这项法案被提交讨论，投票结果是106票赞成，79票反对，被暂时搁置。1848年12月21日，纽约州的丹尼尔·戈特提出一项议案，要求哥伦比亚特区委员会提交一项法案，禁止在哥伦比亚特区进行奴隶贸易，该议案以98票比88票的投票结果获得通过。1849年1月10日，这项议案又被重新审议，后来又被从议会日程中划掉。在重新审议、争辩不断的过程中，伊利诺伊州的亚伯拉罕·林肯提出了一项修正案，但该修正案没有被投票表决。这项修正案明确了一项计划，旨在压制哥伦比亚特区的奴隶贸易，并且逐步消除该地区的奴隶制。如果在为奴隶制问题举行的选举中，大多数白人能参加投票，那么这项修正案就能获得通过。1849年1月31日，哥伦比亚特区委员会的爱德华·埃弗里特提出了一项法案，该法案禁止将奴隶输送到哥伦比亚特区贩卖，或者雇用他们。这项法案引起了激烈的辩论，但后来似乎不了了之，并没有出现在议会日程上。

在这场关于奴隶制问题的运动期间，奴隶制引发的骚动在另一个问题中暴露出来，并且很快成为一个最令人恼火和最危险的问题。这就是《逃亡奴隶法案》。1849年1月10日，丹尼尔·戈特的议案再次被提交至众议院，重新进行审议。此时，弗吉尼亚州的威廉·米德提出一项修正案，要求哥伦比亚特区委员会提交一项法案，能"更有效地使奴隶主追回逃亡的奴隶"。虽然该修正案很快被裁定为不合规则，但威廉·米德就是要通过这种方式，将南方人的不满表达出来，从这一点来看，他已达成目的。

丹尼尔·戈特

骚动引发的南北阵营对立很快变得明显起来。在丹尼尔·戈特提出的议案通过后的第二天晚上，来自两大政党的约70名南方国会议员举行会议，目的是就南方的一些共同政策做出决定。随后，1849年1月15日和22日，又举行了两次会议，约有80名成员出席。约翰·C.卡尔霍恩是会议的主要人物。会议的最终结果是通过了南方国会议员对选民所做的演说。演说由15人组成的一个委员会进行报告，亚历山大·H.斯蒂芬斯担任委员会主席。此外，还有一个由5人组成的小组筹备委员会，约翰·C.卡尔霍恩担任主席。亚历山大·H.斯蒂芬斯试图阻止由5人组成的小组筹备委员会的行动，并且詹姆斯·诺克斯·波尔克也反对这次行动，但他们都没有成功。南方国会议员对选民所做的演说详细论述了南北阵营逐渐分离的过程，而南北阵营分离源自是否允许密苏里加入联邦。演说指控北方违反宪法，拒绝引渡逃亡的奴隶，并且指控北方对密苏里妥协线缺乏尊重。演说还对北方拒绝南方分得墨西哥割让地的份额表达了不满，因为该份额是南方比北方做出更多的贡献赢得的。演说对国会攻击奴隶制表示不满，并且预测，如果没有找到补救方法，那么奴隶制将被彻底废除。最后，演说建议南方采取统一行动。

南方国会议员对选民所做的演说中，对不公正待遇的愤恨与抱怨很快传遍了南方。弗吉尼亚州和密苏里州立法机构的决议和其他各种形式的决议都重申了这些不公正待遇。在肯塔基州的特林布尔县举行的一次群众会议上，民众呼吁亨利·克莱辞去参议员职务，因为他曾写信，赞成逐步解放奴隶。在南卡罗来纳州参议员安东尼·巴特勒的晚宴上，祝酒词大肆宣扬分裂。北方同样群情激昂。除了艾奥瓦州，北方所有州的立法机构都通过了决议，支持国会禁止在哥伦比亚特区内实行奴隶制的决议。此外，很多州都采取行动，希望在哥伦比亚特区废除奴隶制和奴隶贸易。

不同区域间的争吵既消耗精力，又阻碍了国家行政部门履行紧急职责。与此同时，詹姆斯·诺克斯·波尔克政府的艰难管理工作接近尾声。詹姆斯·诺克斯·波尔克政府虽然取得了巨大的成果，但留下了许多尚未完成的工作，包括一系列极其复杂和困难的问题。国会是否应采取行动将奴隶制排除在加利福尼亚和新墨西哥外？是否应将自由土地区域和奴隶制区域的界线延伸到太平洋沿岸，从而将奴隶制排除在加利福尼亚和新墨西哥外？或者是否应根据人民主权原则，让加利福尼亚和新墨西哥的人民自由选择是否排除奴隶制？位于格兰德河以东的新墨西哥部分地区，是否应跟随格兰德河以西那部分地区做出改变？还是让出得克萨斯州要求的边界，将格兰德河以东的新墨西哥部分地区变成一个蓄奴地区？为解决这些紧急问题而进行的努力，必须重新审查关于奴隶制的南北阵营差异，并且很有必要找到一个妥协方案，努力调整所有上述问题。如此一来，解决这些棘手问题又增加了新的困难。这涉及归还逃亡的奴隶，以及哥伦比亚特区的奴隶制和奴隶贸易问题。在西进运动引发的一系列问题中，最初还包括奴隶制是否应无条件地被排除在俄勒冈之外这个问题，但在詹姆斯·诺克斯·波尔克的不懈努力下，俄勒冈的政府已被组织起来，关于俄勒冈奴隶制的问题在达成全面协议前就得到了单独解决。然而，在规定俄勒冈政府组织方面采取的行动，对简化这个令詹姆斯·诺克斯·波尔克和国会感到困惑的问题没有起到什么作用。1848年辉格党的胜利使辉格党人需要承受没有准备好面对的麻烦和责任。

第 20 章

《1850年妥协案》
（1849年至1850年）

精彩看点

加利福尼亚尝试组建州政府——议长职位的竞争——关于奴隶制的危机——亨利·克莱提出八项提议——亨利·克莱发表讲话——丹尼尔·韦伯斯特的演讲——《综合议案》——《逃亡奴隶法案》的影响

詹姆斯·诺克斯·波尔克政府的一些未完成的工作需要国会立即予以关注。在国会不采取行动的情况下，奴隶制和奴隶贸易可能仍存在于哥伦比亚特区，因为人们最早在哥伦比亚特区定居时，奴隶制和奴隶贸易就已存在。逃亡的奴隶可能会像过去一样，被主人追捕，进而继续被扣留。得克萨斯和新墨西哥边界沿线大片废弃土地可能仍然足够作为双方的边界。然而，必须为通过战争获得领土的政府做出一些规定。在加利福尼亚，人们发现了黄金，大量人群拥向那里。因此，加利福尼亚不能继续保持政治上的无组织状态，并且新墨西哥的地位也必须发生改变，否则会带来严重的不便和危险。所以国会必须尽快采取措施解决这些问题。

在第三十届国会休会和第三十一届国会召开的间隔期，加利福尼亚发生了不同寻常的变化。总统扎卡里·泰勒[①]派特使到加利福尼亚和新墨西哥，通知当地民众，他希望他们

---

① 扎卡里·泰勒于1848年大选中当选美国第十二任总统。——译者注

能自己构建组织章程，并且申请加入联邦，成为其中的一员。然而，在派往加利福尼亚的特使到达目的地前，扎卡里·泰勒希望看到的行动其实早已开始。

事实上，当时加利福尼亚的状况使民众自行构建组织章程的行动成为必然。1848年1月24日，在萨克拉门托河谷下游发现了黄金。消息传开时，世界各地的人开始经由陆路和海路疯狂奔赴萨克拉门托河谷。定居在加利福尼亚的人离开原本的岗位，开始从事采矿业。士兵和水手也放弃服役，改为从事采矿业。除了寻找黄金，一切都被忽视了。因此，劳动力的价格立刻大幅上涨。在被加利福尼亚吸引的人群中，有很大一部分是鲁莽行事的冒险家。无论在何种情况下，这些人都很难保持秩序。加利福尼亚政府就像那些被征服地的政府组织一样，软弱无力，所以加利福尼亚实际上处于无政府状态。在法庭的常用方法中，加利福尼亚定居者找到了一个补救办法。加利福尼亚定居者和美国民众一样，公民意识非常强，他们不愿一味地与盎格鲁-撒克逊传统唱反调，因此很快就决定采纳托马斯·哈特·本顿的建议，组建一个"方便、简单的政府"来应对自身问题，直到国会为他们组建好政府。加利福尼亚的实际负责人，地方总督贝内特·C. 赖利听说国会在没有为加利福尼亚组建政府的情况下就已休会，便呼吁召开一次会议来履行这个职责。1849年9月，会议召开，通过了禁止奴隶制的法规，并且计划在合适的时间建立一个州政府。后来，贝内特·C. 赖利辞去了职务。

1849年12月，在《加利福尼亚宪法》得到华盛顿政府认可前，扎卡里·泰勒在国会开幕式年度咨文中谈到在加利福尼亚组建一个州政府的行动,并且指出新墨西哥不久后也会有类似行动。他建议国会应等待行动落实,同时要避免"引入那些牵涉不同区域的话题,因为这些话题令人紧张不安,导致了公众的痛苦和忧虑"。1850年1月23日,作为对参议院提出决议的回应,扎卡里·泰勒详细地说明了西南部发生的事情,以及他为实现在加利福尼亚组建一个州政府这一目标所做的工作。

1849年12月,第三十一届国会召开。众议院就议长职位问题展开了一场持久、激烈的竞争。做出选择的困难在于,为掌握权力平衡,13个自由土地党人不愿意让来自佐治亚州的民主党候选人豪厄尔·科布,或者马萨诸塞州的辉格党候

豪厄尔·科布

选人罗伯特·查尔斯·温思罗普当选。来自印第安纳州的民主党人威廉·约翰·布朗一度即将当选,但当他与自由土地党人订立条款的事实被揭露时,他当选的希望就落空了。在这场竞选活动中,佐治亚州的罗伯特·图姆斯宣称:"加利福尼亚和新墨西哥是我们全体人民以鲜血和财富交换得来的土地。如果你们通过立法机构,企图把我们从加利福尼亚和新墨西哥赶走,并且要在这两个地区废除奴隶制,从而使本联邦一半以上的州陷入民族堕落的境地,那么我会在众议院,在这个国家,以及上帝面前毫不犹豫地公开宣布,我赞成分裂!"对此,伊利诺伊州的爱德华·迪金森·贝克回应

爱德华·迪金森·贝克

称:"我以受到如此无礼攻击的北方人的名义,说出我知道的他们的感受,我认为,只要美国人的心脏还在跳动,或者全能的上帝以他的智慧、善良来引导和祝福我们,那么,这个国家联盟的解散必然是,也终将是不可能的。"

听完罗伯特·图姆斯和爱德华·迪金森·贝克的发言,会议室响起了热烈的掌声。然而,正如其他人发表的演讲一样,国家的前景明显正变得越来越危险。三个星期的投票结束后,经过一场疯狂的混乱,1849年12月22日,豪厄尔·科布最终以多数票当选众议院议长。

虽然关于议长职位的争论最终得到了解决,但与奴隶制有关的问题依然悬而未决。国会采取行动来组建加利福尼亚和新墨西哥地方政府,已显得尤为迫切。不过,现在关于这个问题的每一种方法都激起了南北阵营双方的激烈对抗,为此,全国各地的保守派人士和爱国人士深感恐慌。加利福尼亚的行动已简化并集中在与领土相关的问题上。加利福尼亚的州宪法将联邦的边界固定为从太平洋沿岸的俄勒冈到墨西哥,所以已没有机会延长密苏里妥协线。如果美国政府承认加利福尼亚是属于联邦的一个州,那么剩下的唯一争议就是,针对得克萨斯州的声明,新墨西哥的范围,以及新墨西哥和犹他境内奴隶制的地位问题。如果新墨西哥属于自由州,那么南部应把得克萨斯州的边界再向西推进;如果新墨西哥不属于自由州,那么组织法就应表明这一事实。1846年,前往盐湖地区的摩门教徒表示对奴隶制没有兴趣。因此,他们带来了另一个难题。

这场关于奴隶制的危机将斗争经验丰富的亨利·克莱

推到了"前线"。于是,亨利·克莱再次出现在参议院,为他坎坷的政治生涯做最后一次努力。众议院已提出一项决议,要求将内华达山脉以东的墨西哥割让地组织起来,让它成为一块排除奴隶制的领土。为了更有效地执行关于逃亡奴隶的宪法规定,参议员提出了单独法案,建议将墨西哥割让地划分成三块领土,并且在征得得克萨斯州的同意后缩小其范围。1850年1月29日,在参议院,亨利·克莱提出八项提议,希望达成妥协。只有这样才能尽快立法。

亨利·克莱的八项提议做了以下规定:加利福尼亚作为州的地位应被承认。墨西哥割让地的其余部分应组织起来,不受奴隶制的限制。得克萨斯州已放弃海关税收。因此,在被兼并前,得克萨斯签订的债务条款最高数额应由国会决定,并且由美国支付。然而,附加条件是,得克萨斯州应放弃再从新墨西哥获得领土。哥伦比亚特区的奴隶制和奴隶贸易不受干涉,但应禁止将奴隶输送到哥伦比亚特区进行买卖。最后,必须为遣返逃亡奴隶提出更有效的规定。

关于这些提议的争辩令人难忘。这是亨利·克莱、约翰·C.卡尔霍恩和丹尼尔·韦伯斯特最后一次在法庭开展辩论,近四十年前他们几乎同一时间进入国会。这也是萨蒙·波特兰·蔡斯和威廉·H.苏厄德首次在参议院露面,在随后的几年里他们将成为著名人物。亨利·克莱和丹尼尔·韦伯斯特代表妥协派,竭力进行辩论,而约翰·C.卡尔霍恩则集中精力,进行了一次绝望的反对妥协的斗争。在此过程中,萨蒙·波特兰·蔡斯和威廉·H.苏厄德的动机与约翰·C.卡尔霍恩的动机虽然有很大区别,但他们加入了这场

威廉·H.苏厄德

辩论。每个发言人的背后都有大量的追随者，他们的论点和呼吁都很好地总结了联邦各个阵营的思想和观点。对奴隶制非国家化的影响，虽然没有进行充分的描述，但至少进行了明显的说明。北方人强烈地表达了自己对在联邦所占比例的不满，南方人对自己为并入美国的领土所做妥协而获得的份额也表达了强烈的不满。基于道德的原因，人们坚定地反对奴隶制，对它置之不理，并且大胆地宣布他们依据的法律原则。

1850年2月5日和2月6日，亨利·克莱发表了支持自己提议的讲话。在缺席八年后，亨利·克莱再次出现在参议院，此时他已七十三岁，身体虚弱。作为政治领导者，亨利·克莱拥有长期公认的威望，以及大家对他的信任。在许多类似的危机中，辉格党的成员都向亨利·克莱寻求建议，并且一直信任他。在讲话一开始，亨利·克莱简单描述了此次事件的重要性。接着，他说道，国会和州立法机构是"二十多座熔炉，在这片广阔的土地上全力燃烧，释放能量、热量和激情，并且肆意地将它们扩散开来，散落在这片广阔的土地上"。亨利·克莱还表达了自己对恢复"融洽、和谐、和平"的焦虑。如果国会试图废除加利福尼亚的奴隶制，那么亨利·克莱将支持发动战争，而蓄奴州将得到所有热爱正义和真理的人的美好祝愿。然而，蓄奴州如果在墨西哥割让地上发动一场"传播错误想法"的战争，那么将不会得到大家的同情。亨利·克莱向北方人呼吁道："你们想要什么？你们到底想要什么？你们这些居住在自由州的人。你们不希望在与墨西哥战斗后获得的领土上引入奴隶制？你们在加利福尼亚没有实现自己的愿望吗？按常理来说，在新墨西哥，你们很有可能再次实现自己的愿望。你们还想要得到什么？你们已得到价值超过一千个《威尔莫特但书》的东西。你们占尽自然优势，现实状况也对你们非常有利，并且北方也没有奴隶制。"废除哥伦比亚特区奴隶制贸易的举动，不能视为是一种让步，而是一项让双方可以团结起来的措施。至于未能执行《逃亡奴隶法案》，亨利·克莱认为，南方有"怨恨自由州的重要理由"，但分裂并不能消除南方任何的不满。亨利·克莱"反对因为任何原因脱离联邦，反对因为任何原因引起的分裂"。亨利·克莱认为"没有一个或多个州有权力脱离联邦"，他认为美国"必须背水一战"。

对亨利·克莱的讲话，1850年3月4日，约翰·C.卡尔霍恩做出回复。约翰·C.卡尔霍恩被死亡的阴影笼罩，病重到无法发表演讲。约翰·C.卡尔霍恩的演讲稿由弗吉尼亚州的参议员詹姆斯·默里·梅森代为朗读，但约翰·C.卡尔霍恩的出席增强了朗读的效果。詹姆斯·默里·梅森解释道，首先，南方的不满是由于北方的侵犯。因为北方的侵犯，把奴隶制排除在原来各州新增的约四分之三的领土之外，由此打破了南北阵营的平衡。其次，通过使用保护性关税将南方财富转移到北方，主要是为了吸引民众移民到北方，使美国政府的性质从联邦共和国转变为统一的民主国家。最后，詹姆斯·默里·梅森开始考虑全面废除奴隶制。詹姆斯·默里·梅森说："的确，随着事态的发展，不需要南方的脱离，联邦就会解散。因为骚动本身就可能会造成解体。"无论是国会提议的妥协方案，还是扎卡里·泰勒提议的《行政但书》都不能挽救联邦，因为这份《行政但书》允许各地区的人们在自己的权限范围内自由决定奴隶制问题，如此一来，必然导致奴隶制被排除在外。如果要拯救联邦，那么只有"承认南方在获取的领土上享有平等权利……促使关于逃亡奴隶的规定得到忠实履行，以平息奴隶制问题引发的骚动，并且在政府采取行动打破南北阵营的平衡前，通过修正案在宪法中加入一项条款，使南方恢复保护自身的实际力量"。

1850年3月7日，丹尼尔·韦伯斯特以一段令人印象深刻的感言开始了对扎卡里·泰勒的演讲："总统先生，我希望今天，我不是作为马萨诸塞州人，也不是作为北方人，而是作为一个美国人，作为美国参议院的一员来发言。……被囚禁的风得以释放。东风、西风、北风，与暴风雨式的南风结合在一起，共同把整个海洋搅乱了。它们把巨浪抛向天空，使海洋的最深处暴露出来。……我有责任履行自己的职责，并且我会以忠诚的态度履行自己的职责。周围不是没有危险，但还有希望。我今天是为维护联邦而发言。请听我的理由……"然后，丹尼尔·韦伯斯特回顾了奴隶制，提到了美国早些年普遍存在的期望，即当奴隶进口贸易停止时，奴隶制也将消亡，并且展示了棉花文化的发展是如何改变这种前景的。丹尼尔·韦伯斯特尝试幽默地调侃那些北方的民主党人，因为民主党人投票支持"在加利福尼亚、新墨西哥的山川中，或者在墨西哥的其他任何地方，组建一片新天地，然后在这里竭力推行《威尔莫特但书》，以挽回一些颜面"。

丹尼尔·韦伯斯特声称，自然界已把奴隶制排除在被占领的领土外。在谈及为新墨西哥组建地方政府时，丹尼尔·韦伯斯特使用了经常被引用的一句话:"我不会不遗余力地重申一项自然界的法令,也不会重现上帝的意愿,更不会为了嘲弄或责备而提出《威尔莫特但书》。"关于归还逃亡奴隶一事,丹尼尔·韦伯斯特认为"南方是对的,北方是错的"。对南方人的不满,这是国会唯一可以补救的。南方与北方和平的分离已不可能。于是,丹尼尔·韦伯斯特祈祷听众能从奴隶制的"黑暗洞穴"中走出来,进入"带有自由与团结的新鲜空气的地方"。

1850年3月11日,在参议院,威廉·H.苏厄德发表讲话,他特别提到了加利福尼亚的地位问题,并且自然而然地涉及了拟议的妥协案的全部内容。威廉·H.苏厄德反对妥协,因为他认为"所有的立法妥协完全是错误的,并且本质上是罪恶的"。威廉·H.苏厄德引用宪法中关于逃亡奴隶的条款,声称:"国家法律不承认这样的契约,写在自由人民心上和良知上的自然法则也否认这种契约。"威廉·H.苏厄德说道:"的确,国家的领土属于我们,但确实是靠所有国民的勇敢和资源获得的。对这些领土,我们没有专断的权力……宪法规定了我们的管理权,宪法致力于所有领地内的联合、正义、防御、福利和自由。不过,有一部比宪法权力更高的法律,它规定了我们在该领域的权力,并且致力于同样崇高的目标。"威廉·H.苏厄德否认宪法承认奴隶制,并且断言"任何气候都适合奴隶制",他认为《威尔莫特但书》是将奴隶制排除在新墨西哥和加利福尼亚之外的必要条件。

1850年3月26日和27日,萨蒙·波特兰·蔡斯发表讲

萨蒙·波特兰·蔡斯

话，宣布国会的职责是不干涉各州的奴隶制，以及各领地上的禁令。萨蒙·波特兰·蔡斯同意威廉·H.苏厄德的观点，他认为宪法没有承认奴隶制，并且将宪法对奴隶贸易的临时保护称为"一方面是威胁恐吓的结果，另一方面是让步和妥协的结果"。萨蒙·波特兰·蔡斯宣称，南方依附于其特有的奴隶制的一个原因是，按照规则，奴隶按五分之三的比例计算代表权。萨蒙·波特兰·蔡斯断言，如果没有《西北法令》，那么阿勒格尼山脉以西所有的州都会保留奴隶制，并且还极力表明，蓄奴州得到的领土份额并不像约翰·C.卡尔霍恩说的那样少,而是多得多。萨蒙·波特兰·蔡斯认为这种对分裂的"陈旧"呐喊,并不会使自己惊慌失措。

反对奴隶制的人充满激情,他们随意地指控丹尼尔·韦伯斯特。后来,这些人甚至指责丹尼尔·韦伯斯特为了成为总统违背良心。然而,值得怀疑的是,那些指控者是否完全理解丹尼尔·韦伯斯特的真实品质或者真正的政治目的。丹尼尔·韦伯斯特认为,所处时代的环境赋予自己的任务是保卫联邦,直到联邦强大到不能被分裂。反奴隶制斗争一定会落到年轻一代的身上,如果这项工作的到来比预期早,那么美利坚民族将面临比南北战争时期更大的危险。威廉·H.苏厄德呼吁"更高级别的法律",并且以此为理由拒绝宪法对奴隶制的保护,而这意味着一部法律支持北方,另一部法律支持南方。这也是南北双方产生"无可避免的冲突"的基础。然而,从丹尼尔·韦伯斯特和亨利·克莱的观点来看,这很危险,因为它引发了一场危机,而危机的时机还不成熟。

1850年4月18日,妥协案被提交给一个由13人组成的委员会。亨利·克莱担任委员会主席。委员会成员有7名辉格党人,6名民主党人,并且7名来自蓄奴州,6名来自自由州,他们大都属于温和派,只有两个人除外。1850年5月8日,委员会报告了两项提案,并且对参议院悬而未决的《逃亡奴隶法案》提出了修正案,这些议案合在一起将涵盖亨利·克莱提出的几乎所有提议。其中,第一项议案由于涉及的主题多种多样,被称为《综合议案》。《综合议案》规定加利福尼亚可以加入联邦;规定将墨西哥割让地的剩余部分组建成犹他和新墨西哥两部分;建议确定得克萨斯州的边界,以便将其从新墨西哥中划分出来,并且得克萨斯州因此可以从美国获得一笔资金。另一项法案规定,在哥伦比亚特区禁止奴隶贸易。为遣返逃亡奴隶,参议院提出了修正案,旨在使这一措施更加有效。在参议院,《综合议案》被审议修改了近两个月,直到1850年8月1日才获得通过。此时,只有犹他领地组织的条款规定未确定。

与此同时,各种情况和影响都朝着有利于妥协的方向发展。1850年6月3日,在纳什维尔举行的一个蓄奴州会议中,有9个州派代表参加了。此次会议中,南方张扬的性格得到了充分体现。会议除了有迹象带来潜在危害,没有什么重要意义,但它有助于妥协协议的达成。1850年7月9日,扎卡里·泰勒去世。米勒德·菲尔莫尔继任总统。因为受到亨利·克莱的较大影响,米勒德·菲尔莫尔更倾向于就奴隶制问题进行妥协。米勒德·菲尔莫尔开始履行总统职责时,联邦政府和得克萨斯政府发生了严重冲突。因为得克萨斯政府要求得到新墨西哥位于格兰德河以东的领土。1850年8月6日,就这一冲突事件,米勒德·菲尔莫尔发表讲话,告知民众得克萨斯州准备维护对争议区的管辖权,并且表示自己决定以武力阻止这种企图。然而,米勒德·菲尔莫尔建议,对这种分歧,可以通过向得克萨斯州提供赔偿从而让得克萨斯人放弃这一要求。事实上,这正是妥协的特点之一。现在,米勒德·菲尔莫尔加入亨利·克莱和其他一些人组成的队伍,他们正努力促成已提议的调整方案。参议院和众议院相继通过的独立法案,都包含为和解这一问题而采取的各种措施,并且这些法案在大多数情况下都是以决定性多数票获得通过。反对票由南北双方的激进分子投出，而在有些情况下，由于反对派人士拒绝投票从而使法案直接获得通过。6名参议员和27名来自蓄奴州的代表投票赞成《加利福尼亚议案》；3名参议员和31名来自自由州的代表投票支持《逃亡奴隶法案》；6名参议员和3名来自蓄奴州的代表，投票支持废除哥伦比亚特区奴隶贸易的法案。总体来说，决定性的妥协票来自俄亥俄州、宾夕法尼亚州和密苏里州，而其他人的投票主要是遵循各自阵营利益的原则。

实际上，《1850年妥协案》包含太多细节，所以很难知道双方在哪里，以及在多大程度上做出了让步。《逃亡奴隶法案》对援助和营救奴隶做出了更严厉的处罚，取证程序更简易。这与哥伦比亚特区对奴隶贸易的限制规定达到了平衡。1836年，得克萨斯接受了缩小范围的要求，将圣菲留给了新墨西哥。以北纬37°为界，界线以北为犹他，界限以南为新墨西哥，而这似乎也是一种间接方法，坚持了以往的妥协界线原则。妥协的关键是关于新墨西哥和犹他领土的条款，其内容为，成为独立国家的前提是"上述领土……应被接纳为本联邦成员，无论在这些领土上是否实行奴隶制，在接纳这些成员时，应遵照新墨西哥和犹他宪法规定的条款"。

绝对和永久的分裂是唯一的妥协选择吗？现在可以轻易地驳回这个问题了。然而，1850年，解决这个问题显得尤为迫切和重要。从现有条件的立场回顾历史，并且从真实的角度看待当年的斗争并非易事。然而，当人们回忆起1861年，北方明显不抵制分裂，只有在萨姆特要塞遭到袭击时，"让犯错的姐妹和平离开"的意愿才消失。在制定《逃亡奴隶法案》和争夺堪萨斯后,北方人民的任务是加速南北阵营的分歧,加大仇恨。似乎不难相信,1850年完全有可能实现和平分离。然而,《1850年妥协案》既挽救了各州的关系,也点燃了使联邦紧密结合的热情。

尽管南北阵营分歧的影响减弱,但扩张的冲动已达到目的。在太平洋沿岸,美国最终划分了边界,获得的领土也被赋予合法的州地位并组建了地方政府。毫无疑问,这场运动导致了巨大的政治分歧,强调了南北之间利益差异带来的威胁。然而,政治分歧的真正原因由来已久,积累已深,即使没有得克萨斯的兼并或与墨西哥的战争,这种分歧也会出现。因为得克萨斯的兼并或与墨西哥的战争这两者都不是堪萨斯斗争的必要前提。接着是1856年各阵营党派组织的建立,1860年共和党的胜利,以及随后南方十一州脱离联邦。南北阵营的分歧很大,但并没有迅速发展到阻碍或严重推迟向西扩展的最后一次大浪潮。因此,对联邦和美国的利益来说,这是一件好事。